ALMANAQUE agosto 1960
sebastião rodrigues

DESIGN KEIICHI TANAAMI
NO
MORE
WAR

Jens Müller

GRAPHISME

1890–AUJOURD'HUI

TASCHEN

EXCEPTIONAL SUPPORT FOR THE 1995-1996 SEASON HAS BEEN PROVIDED LuESTHER T. MERTZ CHARITABLE TRUST.
DESIGN: PENTAGRAM / PHOTO: CAROL ROSEGG
THE PUBLIC THEATER
95 96 SEASON
BRING IN 'DA NOISE, BRING IN 'DA FUNK
BY SAVION GLOVER, REG.E. GAINES AND GEORGE C. WOLFE
NEWMAN THEATER
WASP AND OTHER PLAYS
WRITTEN BY STEVE MARTIN
DIRECTED BY BARRY EDELSTEIN
MARTINSON HALL
2 WOMEN IN REP
ANSPACHER THEATER
ANDREA MARTIN & MARGA GOMEZ
THE CHANG FRAGMENTS
BY HAN ONG DIRECTED BY MARCUS STERN
LU ESTHER HALL
KING LEAR
NEWMAN THEATER
WRITTEN BY WILLIAM SHAKESPEARE
DIRECTED BY ADRIAN HALL
DANCING ON HER KNEES
LU ESTHER HALL
WRITTEN BY NILO CRUZ
DIRECTED BY GRACIELA DANIELE
VENUS
WRITTEN BY SUZAN-LORI PARKS
DIRECTED BY RICHARD FOREMAN
MARTINSON HALL
THE SKRIKER
NEWMAN THEATER
WRITTEN BY CARYL CHURCHILL DIRECTED BY MARK WING-DAVEY
212-260-2400
425 LAFAYETTE STREET
LU ESTHER HALL
SPECIAL ADD-ON PRODUCTION
WAKE UP CALL FEATURING CAMRYN MANHEIM
MEMBERSHIP IS EASY! CALL 212-260-2400

Sommaire

METROPOLIS
GRAUL
30 Pfg
UFA MAGAZIN
Sondernummer

Une histoire visuelle

L'affiche d'un événement au bord de la route, l'application pour réserver une chambre d'hôtel, le magazine d'actualité vendu en kiosque, les tableaux d'affichage dans un aéroport, le panneau de signalisation sur l'autoroute, ou encore ce livre, ne sont que quelques exemples parmi les millions d'objets qui ont fait l'objet d'un processus créatif. Tous relèvent du graphisme qui, depuis quelque 150 ans, contribue largement à définir l'apparence de notre monde. S'il est vrai que des moyens de communication ont existé avant cette période – il suffit de penser à Gutenberg et sa révolution de l'imprimerie au XVᵉ siècle –, c'est seulement avec la commercialisation individualisée des produits et services à l'ère industrielle moderne qu'est apparu le graphisme moderne.

Avec le passage à l'ère de l'information, l'importance de la communication visuelle s'est encore fortement accrue. À côté du monde commercial, d'autres domaines comme la science, la culture, la politique et l'espace public sont devenus inconcevables sans solutions graphiques professionnelles. Les formats médiatiques utilisés à cet effet n'ont cessé de se parfaire au cours des cent dernières années – et de façon tout à fait massive après l'émergence des médias numériques dans les années 1990. L'objet général du graphisme est toutefois resté fondamentalement inchangé. Le travail d'un graphiste peut être d'ordre publicitaire (affiche événementielle), identificateur (logo), directif (signalisation), instructif (graphique) ou organisateur (mise en page de magazine).

Les aspects qui sont en revanche soumis à des changements perpétuels concernent surtout les propres créations. En effet, nombre de productions graphiques – contrairement à l'architecture, par exemple – sont développées pour une utilisation relativement éphémère. Tout comme la mode, le graphisme redéfinit sans cesse inconsciemment ce qui est dans l'air du temps et ce qui est perçu comme désuet. Les formes, les couleurs ou les styles esthétiques ressentis comme actuels résultent d'une part du zeitgeist, qui concentre des influences émanant de l'art, de l'architecture, du design, de la culture populaire et de la technologie. D'autre part, l'aspect des productions graphiques est aussi influencé dans une très large mesure par les évolutions sociales, économiques et politiques.

Certains travaux peu innovants du début des années 1940, par exemple, ne peuvent se comprendre qu'en tenant compte du contexte de la Seconde Guerre mondiale. De même, le style objectif et neutre dit « suisse » ou le graphisme expérimental du mouvement hippie ne peuvent être dissociés du lieu, de l'époque et des circonstances de leur apparition. Au fil des années, ils sont devenus de véritables icônes dont l'image s'est parfois imprimée plus profondément dans notre mémoire que les événements mêmes.

Page 1
1960
Sebastião Rodrigues
Almanaque
Portugal, couverture de magazine, 16,5 × 25,5 cm

Page 2
1967
Keiichi Tanaami
No More War
Japon, affiche, 63 × 47 cm

Page 4
1995
Paula Scher, Pentagram
États-Unis, affiche

1925
Werner Graul
Metropolis Ufa Magazin Sondernummer
Allemagne, couverture de magazine, 24 × 17 cm

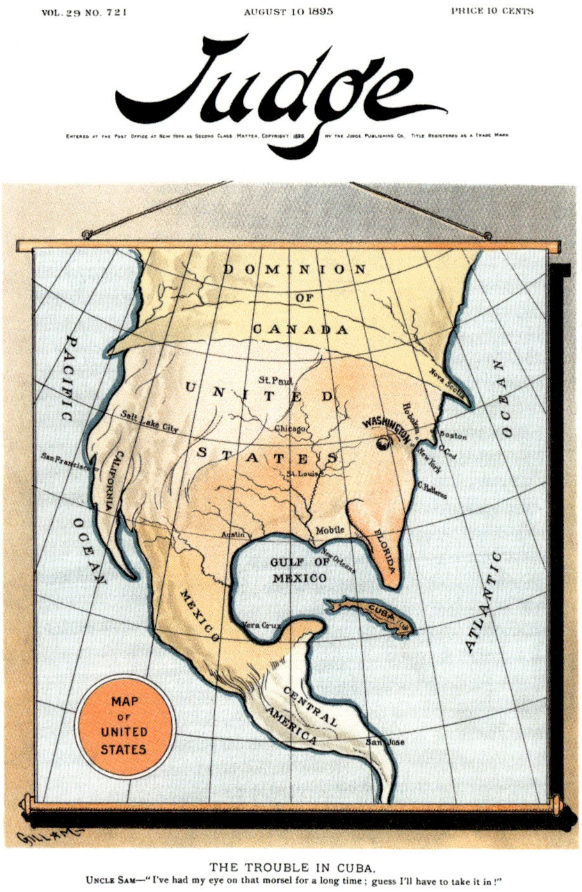

Les sections illustrées du livre dénotent au moins deux approches. Les travaux présentés peuvent être abordés d'un point de vue purement stylistique en ayant à l'esprit l'histoire du graphisme. Cette lecture permet de découvrir des tendances et des contre-courants visuels, de reconnaître des développements à l'origine de changements radicaux, d'identifier des techniques de travail, mais aussi, point non négligeable, de mettre en lumière le talent des graphistes. Mais chaque œuvre peut aussi être abordée comme un témoin de son époque, en quelque sorte comme le reliquat de certaines configurations historiques de l'humanité. Les aspects culturels, politiques, économiques et technologiques se manifestent directement ou indirectement à travers les solutions visuelles nombreuses et variées. À côté des aspects esthétiques liés à l'évolution historique de la création graphique, un retour sur le graphisme du XXe siècle offre donc une illustration visuelle de l'histoire économique, culturelle et sociale de notre passé récent.

Cet ouvrage rassemble des réalisations mondialement célèbres et des exemples oubliés ou seulement connus des cercles spécialisés. Le fait que des affiches primées et exposées dans des musées côtoient des créations ordinaires diffusées à des millions d'exemplaires renvoie aux spécificités de la profession, qui a toujours évolué aux confins de l'art, du commerce, de l'artisanat et des services. Si cette diversité des exigences posées au graphisme est une base essentielle du métier, elle rend aussi sa reconnaissance plus complexe. Bien que tout le monde ou presque soit constamment en contact avec des productions graphiques, et bien que beaucoup de gens puissent se passionner pour la qualité de certaines d'entre elles, comme les génériques des séries télévisées, on ne peut pas affirmer que la connaissance du métier soit très répandue en dehors de la scène professionnelle.

La diffusion globale des tendances en vigueur dans le domaine du graphisme – qu'il s'agisse de courants éphémères ou d'évolutions durables – est un phénomène qui n'a été qu'insuffisamment pris en compte dans les ouvrages consacrés au graphisme. L'histoire du graphisme est trop souvent racontée comme une évolution purement stylistique calquée sur le modèle de la théorie de l'art : on égrène des époques, généralement en les classant géographiquement. Cette approche occulte le fait que beaucoup d'évolutions graphiques se sont diffusées mondialement à partir de leur lieu d'apparition. S'il s'agit là d'un effet très logique à l'ère des sites portfolios, des blogs de graphisme et des médias sociaux, le phénomène peut être retracé jusqu'aux débuts du graphisme, il y a plus de cent ans : on trouve ainsi un graphisme chinois de style Bauhaus ou des affiches Art déco au Japon. Combinée au classement chronologique, la prise en compte d'exemples provenant de différentes parties du monde élargit le regard de façon impressionnante sur des évolutions visuelles qui se jouent des frontières géographiques.

Ces évolutions complexes n'ont pas toujours été cohérentes et judicieuses – elles ont parfois produit des concepts antagonistes à une même époque. Un exemple en est la concomitance chronologique entre un graphisme avant-gardiste caractérisé par une sobre réduction en

1895
Bernhard Gillam
Judge
États-Unis, couverture de magazine, 20 × 23 cm

1932
Leonetto Cappiello
Un Dubonnet vin tonique au quinquina
France, affiche, 26,6 × 36 cm

DEVAMBEZ 144, Champs-Elysées PARIS
UN DUBONNET
vin tonique au quinquina

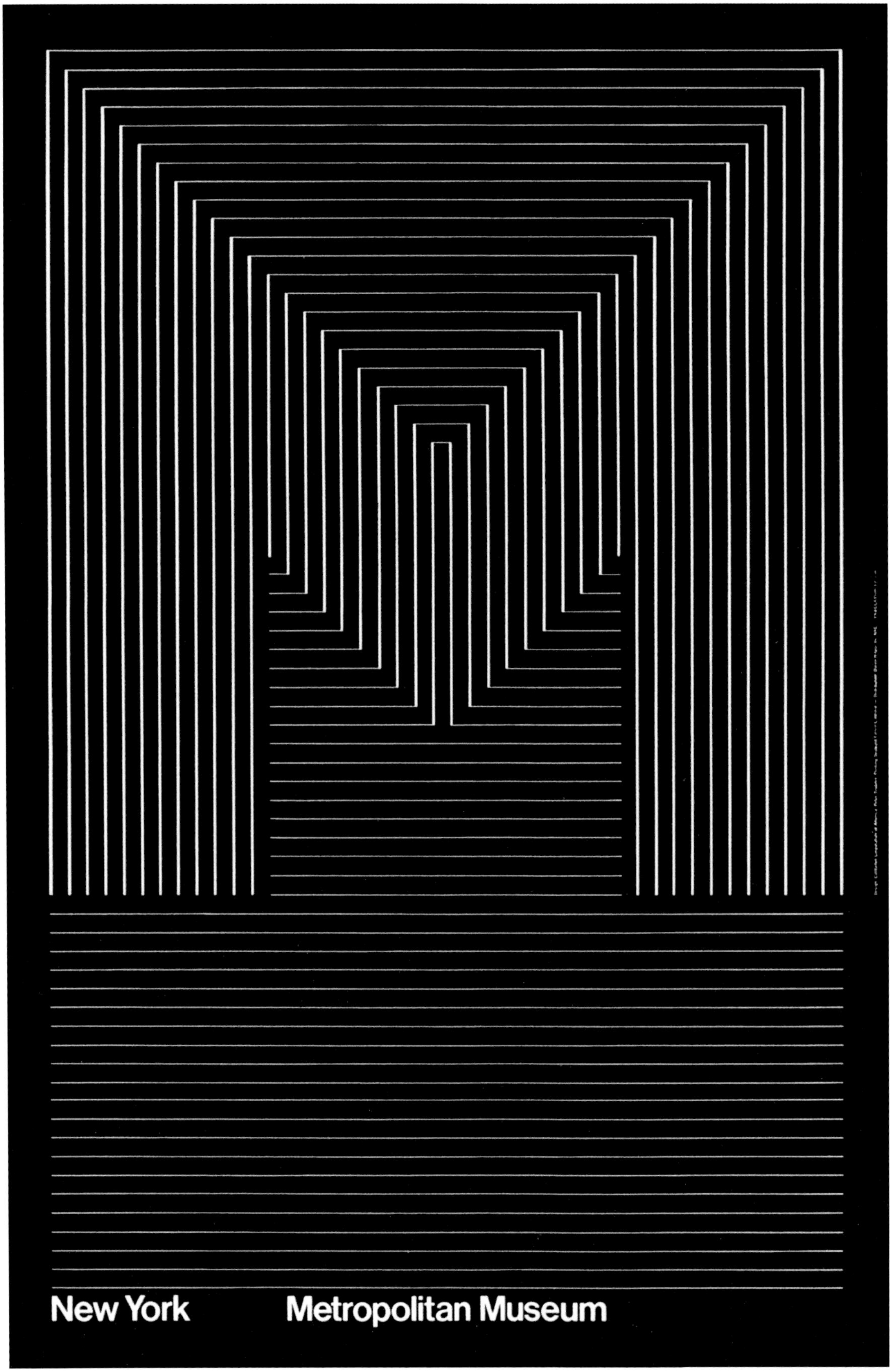
New York
Metropolitan Museum

rouge et noir d'une part, et d'autre part, le graphisme haut en couleur de l'Art déco avec son langage visuel luxuriant. Ces deux évolutions antagonistes ont connu leur apogée dans les années 1920. Il y a toujours eu aussi des créatrices et créateurs qui ont produit des œuvres entièrement nouvelles et qui ont ainsi transcendé l'air du temps. Ou encore, certaines réalisations ont été tellement intemporelles dès leur apparition qu'il est difficile de les attribuer rétrospectivement à une époque – ceci vaut notamment pour les logos modernistes sous leur forme la plus réduite. Exception faite de quelques cas isolés, chaque époque possède toutefois son propre style visuel déterminé par les possibilités technologiques et les tendances du moment concernant la couleur, la photographie ou la typographie.

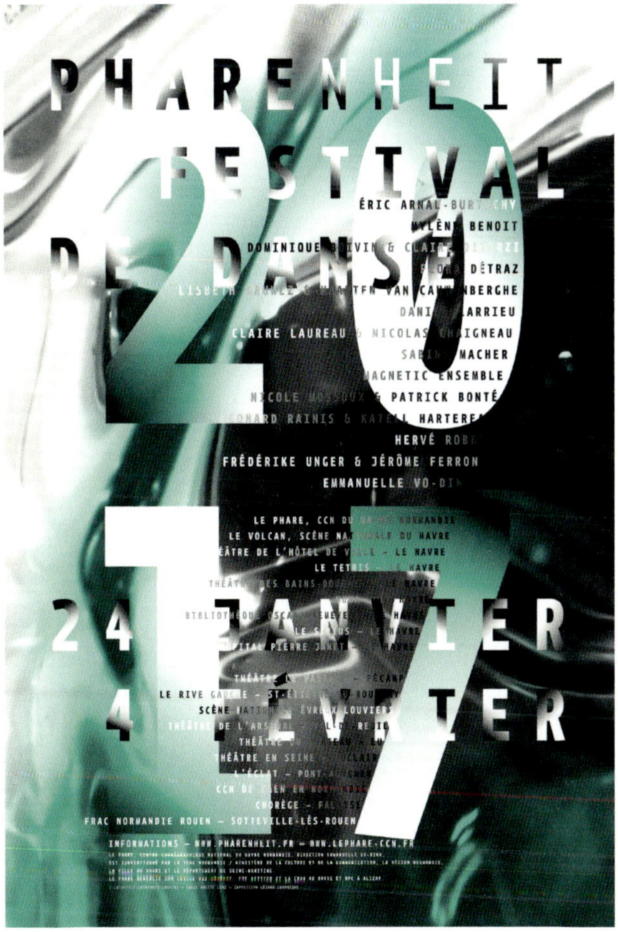

En architecture ou dans les domaines de la musique et du cinéma, la connaissance du passé est une composante incontournable de la formation. De fait, il est important de savoir ce qui a existé avant et à quoi peuvent se référer de nouvelles œuvres. Dans le graphisme en revanche, le regard rétrospectif ne s'est imposé que lentement : dans les années 1970 seulement ont été publiés les premiers ouvrages sur ce thème, et dans les années 1980, que les séminaires et cursus d'études consacrés à l'histoire du graphisme se sont imposés dans les écoles supérieures. Dans une profession qui privilégie depuis toujours la nouveauté, l'ancien a longtemps été affecté de la tare d'une certaine inutilité.

L'histoire du graphisme a été marquée dès ses débuts par différentes approches du métier. Jusqu'à ce jour, la profession couvre un vaste éventail qui va de l'avant-gardisme inconditionnel à la prestation de service motivée par des considérations purement commerciales. Tout au long de l'histoire, les deux camps ont été une source d'innovation. Dans les années 1940, par exemple, les éditeurs de magazines américains ont développé un nouveau graphisme éditorial à destination du marché de masse, graphisme qui allait bientôt aussi faire sentir ses effets dans des publications indépendantes. Dans les années 1970, le champ expérimental de la scène punk britannique a produit des tendances visuelles inédites qui sont à leur tour entrées un peu plus tard, sous une forme moins radicale, dans des cas d'application foncièrement commerciaux. Conformément à ces phénomènes, le présent livre tient compte des œuvres issues de la culture de masse diffusées dans le monde entier aussi bien que des solutions qui ne s'adressent qu'à un public restreint dans le contexte de sous-cultures.

En marge des domaines d'application aux motivations commerciales ou culturelles, le graphisme se manifeste toutefois aussi et toujours comme une force dynamique qui donne un visage à des sujets politiques et sociaux. Particulièrement aux périodes agitées de la politique mondiale, ce rôle ne doit pas être sous-estimé. Le passé montre toutefois aussi que la communication visuelle peut servir la bonne aussi bien que la mauvaise cause. « Design is attitude », comme le déclarait le graphiste Helmut Schmid, et les arguments que Ken Garland a formulés en 1964 dans son manifeste très remarqué *First Things First* n'ont rien perdu de leur pertinence. Quant à savoir dans quelle direction la profession va évoluer en termes d'esthétique et de contenu, il n'est guère possible de le prédire. Avec les immenses progrès du logiciel sous toutes ses formes d'utilisation, la créativité individuelle, les réalisations d'auteur et l'exploration des possibilités visuelles prendront sans doute encore davantage d'importance. Un regard rétrospectif peut alors s'avérer riche de *stimuli* et d'inspirations.

1968
Peter Teubner
New York Metropolitan Museum
États-Unis, affiche, 73 × 114 cm

2017
Anette Lenz
Pharenheit Festival de danse
France, affiche, 118 × 175 cm

1896
Otto Eckmann
Jugend
Allemagne, couverture de magazine, 23,5 × 30 cm

1893
Jules Chéret
La Loïe Fuller
France, affiche, 87,5 × 123 cm

1895
Henri de Toulouse-Lautrec
Troupe de Melle Églantine
France, affiche, 79 × 62 cm

1892
Henri de Toulouse-Lautrec
Aristide Bruant
France, affiche, 99 × 138 cm

1890–1899

Souvent, dans le domaine technologique, ce ne sont pas les grandes réussites, mais les petites évolutions secondaires qui permettent à certaines inventions de s'imposer et de transformer des secteurs entiers en un tournemain. La lithographie, nouveau procédé d'impression à plat mis au point par Alois Senefelder dès 1799 en Allemagne, en est une illustration exemplaire. Des motifs dessinés sur des plaques de pierre pouvaient ainsi être reproduits en nombre, rapidement et à prix réduit. Le procédé obligeait toutefois à utiliser une plaque par couleur. Au cours des années 1880, l'imprimeur et graphiste Jules Chéret découvrit une technique pour produire des affiches polychromes réduisant le nombre d'étapes d'impression. Ce progrès apparemment insignifiant conduisit à la percée de l'affiche en couleur, dans laquelle le texte et l'image sont liés comme des éléments visuels inséparables. Aujourd'hui, ce moment est considéré comme une sorte de Big Bang du graphisme. L'affiche moderne voit le jour dans les années 1890 à Paris et correspond parfaitement à la nouvelle ère de l'image, qui produira dans son sillage non seulement les premières revues illustrées et leurs reproductions photographiques, mais aussi les débuts du cinéma.

Jugendstil

La revue d'art et de littérature *Jugend* fut fondée en 1896 à Munich par Georg Hirth et Fritz von Ostini. Cette revue innovatrice ne se distinguait pas seulement par la publication de textes d'auteurs célèbres comme Hermann Hesse, Kurt Tucholsky ou Maxime Gorki, mais accordait aussi une importance particulière à la présentation visuelle, à laquelle contribuèrent de grands artistes et graphistes allemands contemporains. L'esthétique de la revue fut si marquante qu'elle donna son nom au « Jugendstil », la version allemande de l'Art nouveau. Les couvertures imprimées en couleurs présentaient, pour la première fois et très clairement, le style floral et enjoué qui fit aussi son entrée dans les mondes de l'architecture et du design de produits. La conception de la revue *Jugend* en matière de contenu et d'image eut un retentissement international et suscita l'apparition de nombreuses publications similaires.

Salon des Cent

En février 1894, Léon Deschamps inaugure la première galerie d'art publicitaire sous le nom de Salon des Cent. Éditeur de la revue littéraire et artistique d'avant-garde *La Plume*, Deschamps avait déjà noué des liens avec les premiers pionniers de l'affiche. Pendant ses six années d'existence, la galerie présentera à peu près tous les grands protagonistes de l'Art nouveau dans des expositions individuelles, mais aussi de grandes figures de la scène artistique

Jules Chéret (1836, Paris – 1932, Nice) fut maître de l'affiche pendant la Belle Époque. Autodidacte, il produisit de l'art commercial pour des vins, bicyclettes, casinos, concerts et cabarets – notamment pour le Moulin Rouge. En 1890, il fut décoré de la Légion d'honneur par le gouvernement français. En 1895, il réunit la collection « Maîtres de l'affiche », qui compte les œuvres de 97 artistes. Connu comme le « père de l'affiche moderne », Chéret avait commencé sa carrière à l'âge de 13 ans avant de prendre des cours d'impression à Paris et à Londres.

Henri de Toulouse-Lautrec (1864, Albi – 1901, Saint-André-du-Bois), mort prématurément à l'âge de 36 ans, n'en est pas moins un des artistes postimpressionnistes les plus représentatifs de sa génération. Issu d'une famille noble, pendant sa courte vie, Lautrec a créé quelque 30 affiches et 700 peintures : son œuvre a défini l'image de Paris à la fin du XIXe siècle, particulièrement du fait de sa fascination pour la vie nocturne de la bohème et ce qu'il est convenu d'appeler le quart-monde. L'affiche qu'il réalise en 1891 pour le Moulin Rouge (*La Goulue*) est restée une icône des débuts du graphisme.

Alfons Mucha (1860, Ivančice – 1939, Prague) fut un des grands peintres et décorateurs de l'Art nouveau. Il se distingua par une vaste production publicitaire et de créations dans les domaines de la joaillerie, du papier peint et de la tapisserie. Après s'être établi à Paris en 1887, Mucha poursuivit ses études tout en travaillant principalement comme illustrateur. En 1894, son affiche promotionnelle pour la pièce de théâtre *Gismonda* le catapulta au sommet de la gloire, après quoi la vedette de la pièce, Sarah Bernhardt, le prit sous contrat pour six ans. Ses portraits féminins très caractéristiques sont devenus sa signature la plus distinctive.

J. & W. Beggarstaff est le pseudonyme des artistes britanniques James Pryde (1866, Édimbourg – 1941, Londres) et William Nicholson (1872, Newark-on-Trent – 1949, Blewbury, Angleterre), grands innovateurs dans l'art de l'affiche – notamment par l'utilisation du collage –, comme dans d'autres domaines du graphisme entre 1894 et 1899. Après s'être rencontrés à l'école d'art d'Hubert Herkomer à la fin des années 1880, ils s'associèrent et produisirent des réalisations significatives pour Harper's, Macmillan Publishers et plusieurs pièces de théâtre. Le travail célèbre qu'ils réalisèrent pour le *Hamlet* d'Edward Gordon Craig fut exposé pour la première fois à l'International Artistic Pictorial Poster Exhibition, à Londres en 1894.

classique, comme Degas ou Matisse. La galerie proposait des reproductions abordables d'affiches publicitaires et de travaux personnels d'Eugène Grasset, Louis Rhead, Henri de Toulouse-Lautrec ou Alfons Mucha. Une autre particularité du Salon des Cent fut les affiches de la galerie, qui annonçaient les expositions à grand renfort de moyens et qui constituent peut-être la série d'affiches la plus importante des débuts de l'histoire du graphisme.

Tropon

En 1898, la marque de produits alimentaires Tropon chargea l'artiste et graphiste belge Henry van de Velde de concevoir ses emballages et imprimés publicitaires. Ces réalisations soigneusement accordées entre elles dans le style caractéristique de l'Art nouveau sont aujourd'hui considérées comme le tout premier exemple d'une identité de marque dont les mêmes éléments visuels peuvent être déclinés à divers contextes.

Le Bonhomme Michelin

Le groupe industriel français qui, de simple fabricant de pneumatiques, devint un symbole de loisirs avec ses guides de voyages, a toujours bénéficié du soutien de sa mascotte, le Bonhomme Michelin, officiellement baptisé Bibendum. Instantanément reconnaissable, ce personnage a fait sa première apparition en 1894 à l'Exposition universelle de Lyon, où les frères Michelin tenaient un stand. Quatre ans plus tard, il allait être créé graphiquement par le dessinateur humoristique Marius Rossillon d'après les directives d'André Michelin. Au fil des décennies, il a été utilisé sur d'innombrables supports, en 2D comme en 3D.

1896
The Vitascope
États-Unis, affiche, 97 × 73 cm

1897
J. & W. Beggarstaff, Wilbur Macey Stone
Hamlet
Grande-Bretagne/États-Unis, affiche, 38 × 68,5 cm

1896
Alfons Mucha
Job
France, affiche, 46 × 66,5 cm

1897
Louis Rhead
Salon des Cent
France, affiche, 41 × 60,5 cm

1897
Miquel Utrillo
Barcelona
Espagne, affiche, 47 × 86 cm

1898
« O'Galop » (Marius Rossillon)
Nunc est bibendum!!..
France, affiche, 35,5 × 48 cm

DISTILLERIE
ITALIANE
SEZIONE
APPARECCHI
MILANO VIA TORINO 51
APPARECCHI
A GAS D'ALCOOL
ECONOMIA SUL PETROLIO
OFFICINE G. RICORDI & C. MILANO

1899
Leopoldo Metlicovitz
Distillerie Italiane
Italie, affiche, 99 × 140 cm

Années 1890
Ferdinand Bac
Scala
France, affiche, 79,5 × 206 cm

Années 1890
Charles Rennie Mackintosh
The Glasgow Institute of the Fine Arts
Écosse, affiche, 87 × 221 cm

1900–1909

Avec les évolutions socio-économiques de l'époque, dans beaucoup de pays, la classe ouvrière devient une nouvelle couche sociale de consommateurs. Des affiches d'un genre nouveau, dont le langage visuel expressif avait été jugé trop moderne par l'industrie conventionnelle, s'imposent lentement aussi dans ce domaine et deviennent peu à peu le support publicitaire dominant. C'est principalement dans les grandes métropoles en pleine croissance que les masses peuvent être atteintes par un affichage ciblé. Qui plus est, l'industrie prend peu à peu conscience des possibilités qu'offre une création visuelle professionnelle. Au début du siècle, c'est surtout l'Allemagne, avec son économie florissante, qui prend la tête de cette évolution en développant le graphisme moderne. C'est aussi en Allemagne que l'on travaille pour la première fois de manière ciblée sur des identités de marque qui ne se cantonnent plus à un support unique. Et c'est encore en Allemagne que voit le jour, à la même époque, l'« affiche objet », dans laquelle les avantages communicatifs d'un graphisme réduit au minimum sont exploités de manière systématique.

AEG

Fondée en 1883 sous le nom de Deutsche Edison-Gesellschaft für angewandte Elektricität (Société allemande Edison pour l'électricité appliquée), l'entreprise devint le premier fabricant allemand de produits électroniques pour les consommateurs comme pour les acteurs de l'industrie sous son nouveau nom Allgemeine Elektricitäts-Gesellschaft (AEG, Société générale électrique). L'artiste, graphiste et architecte Peter Behrens en fut le conseiller artistique de 1907 à 1914. Grâce à un profil interdisciplinaire, il créa pour AEG du graphisme publicitaire, des produits et des bâtiments industriels. Même si ses projets pour AEG ne présentent pas encore la cohérence visuelle de ses réalisations futures, son travail est le premier exemple d'une identité de marque d'envergure dans laquelle apparaissent des solutions inédites comme la conception d'une typographie maison. Les différents logos d'AEG illustrent également l'abandon du Jugendstil au profit d'un graphisme moderniste de tendance plus sobre et plus neutre.

Le modernisme viennois

À partir de 1890, la vie culturelle de Vienne, une des deux capitales de la double monarchie austro-hongroise, connut un essor sans précédent dans toutes les disciplines. Dans le domaine des arts visuels, la Sécession viennoise, association d'artistes stylistiquement marquants comme Gustav Klimt, Koloman Moser ou Joseph Maria Olbrich, joua un rôle aussi déterminant que la Wiener Werkstätte, un atelier de production diffusant des objets quotidiens, des bijoux et des meubles créés par des artistes. Dans le cadre de ces structures hautement créatives virent le jour des affiches fascinantes et des imprimés au style unique, dont le retentissement fut mondial.

Alfred Roller (1864, Brno, République tchèque – 1935, Vienne) fut un peintre, graphiste et décorateur de théâtre de première importance. Après avoir renoncé au traditionalisme, Roller poursuivit sa carrière en concevant des affiches et des décors pour le compositeur Gustav Mahler et devint finalement décorateur en chef de l'Opéra national de Vienne. De 1898 à 1903, il fut rédacteur en chef de la revue *Ver Sacrum*, publication officielle de la scène créative autrichienne qui visait à favoriser l'engagement au sein du monde de l'art. Par sa promotion du Jugendstil, l'Art nouveau autrichien, la revue devint un document majeur des visées de la Sécession viennoise, que Roller avait cofondée en 1897.

Peter Behrens (1868, Hambourg – 1940, Berlin) fut un designer et architecte allemand. Après des études à Karlsruhe, Düsseldorf et Munich, il rejoignit le mouvement Art nouveau – il fut un des fondateurs de la Sécession munichoise en 1893 – avant de jouer un rôle clé en embrassant le modernisme et comme ardent promoteur d'une réforme du design et de l'architecture. En 1907, il cofonda le Deutscher Werkbund, et, la même année, il devint consultant artistique permanent d'AEG. Travaillant à la fois comme professionnel et professeur universitaire, il compta notamment parmi ses élèves et assistants Mies van der Rohe, Le Corbusier et Walter Gropius.

1908
Peter Behrens
AEG
Allemagne, logo

1908
Peter Behrens
AEG-Metalldrahtlampe
Allemagne, affiche, 52 × 67 cm

1901
Alfred Roller
Ver Sacrum IV. Jahr
Autriche, affiche, 38,5 × 93 cm

1903
Alfred Roller
Wiener Secession
Autriche, affiche, 31,5 × 95 cm

1908
Bertold Löffler
Kunstschau Wien 1908
Autriche, affiche, 49,5 × 37,5 cm

ZERMATT
MATTERHORN 4505m SCHWEIZ
GRAPH. ANSTALT J. E. WOLFENSBERGER ZÜRICH

1908
Emil Cardinaux
Zermatt
Suisse, affiche, 72,5 × 103,5 cm

1908
Julius Klinger
Kronleuchter-Fabrik Möhring
Allemagne, affiche, 93,5 × 70 cm

1906
Loterie
France, affiche, 33,5 × 51 cm

1907
Edward Penfield
Princeton
États-Unis, affiche, 32 × 49 cm

Talwin Morris (1865, Winchester, Angleterre – 1911, Bowling, Écosse) fut un graphiste influent qui travailla à Glasgow du milieu des années 1890 à sa mort prématurée. Avant de se consacrer aux arts décoratifs, Morris avait travaillé à Londres, puis en Écosse pour différents cabinets et magazines d'architecture. En 1893, après avoir connu le succès et remporté plusieurs prix, il devint directeur artistique de la maison d'édition Blackie & Son, à Glasgow, au sein de laquelle il influença non seulement la conception graphique des livres, mais aussi l'architecture intérieure des bureaux. En 1900, Morris participa à la huitième exposition de la Sécession viennoise avec Charles Rennie Mackintosh et d'autres.

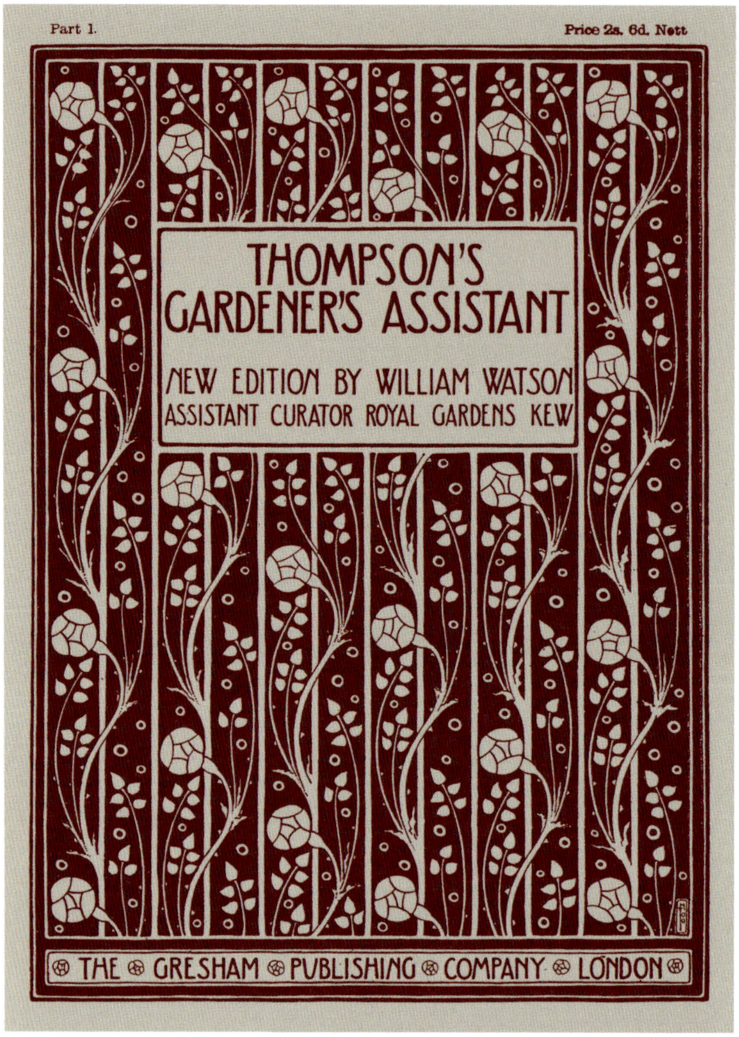

1910
Talwin Morris
Thompson's Gardener's Assistant
Grande-Bretagne, couverture de livre, 19 × 28 cm

1900
Lost! A Pig (N.Y. Journal)
États-Unis, affiche, 103 × 75 cm

1908
Toblerone
Suisse, emballage

1905
L'alcool abrutit…
France, affiche, 36 × 109,5 cm

1907
Udo J. Keppler
Puck
États-Unis, couverture de magazine, 26,5 × 35,5 cm

1905
Edmund Edel
Internationale Automobil Ausstellung
Allemagne, affiche, 70 × 95 cm

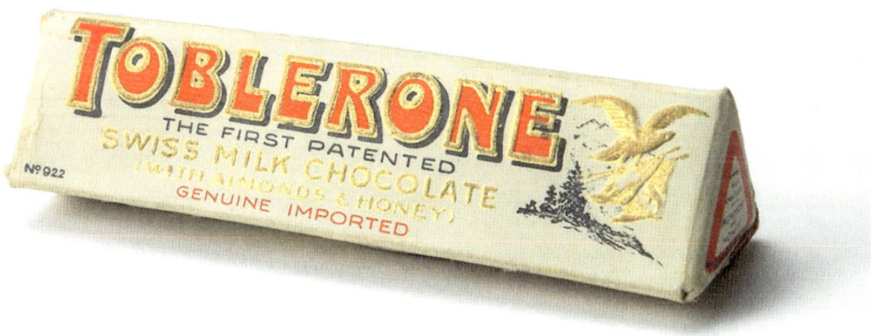
TOBLERONE
THE FIRST PATENTED
SWISS MILK CHOCOLATE
GENUINE IMPORTED
Nº922

VOL. LXII. No. 1587.
PUCK BUILDING, New York, July 31st, 1907.
PRICE TEN CENTS.
"What Fools these Mortals be!"
Puck
Copyright, 1907, by Keppler & Schwarzmann.
Entered at N. Y. P. O. as Second-class Mail Matter.
BIG BUSINESS
ORDERS
COLLECTIONS
Kep.
PROSPERITY.

Les Apéritifs
l'alcool
ABRUTIT
Les Eaux-de-Vie
La Verte
l'alcool
RUINE
Les Pousse-Café
La Jaune
l'alcool
TUE
La Blanche

INTERNATIONALE
AUTOMOBIL
AUSSTELLUNG
BERLIN
4-19 FEBR.
1905
Verlags-Anstalt
Gustav Braunbeck
G.m.b.H. München

INTERNATIONALE
HYGIENE=
AVSSTELLVNG
DRESDEN
MAI — OCTOBER
1911
Litho u. Druck: Leutert & Schneidewind A.-G. Dresden

1910–1919

Les entreprises considèrent de plus en plus comme une évidence la nécessité d'engager des spécialistes du graphisme et de la publicité. Dans les années 1910, le secteur se professionnalise dans bien des pays, et des associations professionnelles et revues spécialisées voient le jour. Durant les années de la Première Guerre mondiale, l'évidence avec laquelle le graphisme s'impose en tant que moyen de communication visuelle se manifeste de manière particulièrement frappante à travers les nombreuses affiches de propagande des belligérants. En même temps naissent en Russie et en Europe des mouvements avant-gardistes de différentes tendances dont les protagonistes repoussent les limites de l'art comme du graphisme. De nouvelles formes d'expression acquièrent droit de cité et vont influencer le développement des arts visuels des décennies suivantes.

Le futurisme

Le 20 février 1909, *Le Figaro* publiait en première page le « Manifeste du futurisme » de l'écrivain italien Filippo Tommaso Marinetti. Cette publication marque le coup d'envoi d'un mouvement artistique avant-gardiste qui prétendait fonder rien de moins qu'une nouvelle culture. Au cours des années suivantes, des artistes, musiciens, écrivains et architectes, la plupart originaires d'Italie et de Russie, rejoignirent le futurisme et développèrent des visions de la vie moderne. Dans les publications de Marinetti se dessine en même temps une pratique typographique qui bouscule les règles de la composition classique et combine pour la première fois textes et images.

Les affiches de la Première Guerre mondiale

La Première Guerre mondiale a été nettement moins technologique que la Seconde. Elle fut en effet livrée en bonne partie par la cavalerie et l'infanterie. Les moyens de communication utilisés étaient principalement la radio et les médias imprimés, et la nécessité d'expliquer non seulement les événements, mais aussi l'importance de la capacité de réaction, étaient les urgences du moment. Au-delà du recrutement, la propagande gouvernementale décidait du type d'information propre à justifier la guerre. À cet effet fut produit un vaste éventail de graphismes d'information conçus notamment par Louis Oppenheim, graphiste allemand d'origine et Britannique de formation.

Le droit de vote des femmes

Au milieu des années 1910, l'importante corrélation entre graphisme et politique n'apparaît pas seulement dans le cadre de la Première Guerre mondiale, mais aussi au service du droit de vote des femmes. Après que des pays comme la Nouvelle-Zélande, la Suède ou l'Islande, mais aussi quelques états américains ont changé leur législation à la fin du XIXe siècle, des mouvements de lutte se développent aussi dans de nombreux pays d'Europe et certaines parties des États-Unis en vue d'obtenir le droit de vote des femmes. Leurs revendications apparaissent sur des affiches, des graphismes d'information ou des tracts et s'imposeront les années suivantes.

Le métro de Londres

En 1908, l'année même où fut lancé le plan officiel du métro de Londres, la station connue aujourd'hui sous le nom de St. James's Park fut la première à arborer la cocarde

1911
Franz von Stuck
Internationale Hygiene-Ausstellung Dresden
Allemagne, affiche, 119,2 × 90,7 cm

1914
Filippo Tommaso Marinetti
Zang Tumb Tumb
Italie, couverture de livre, 20,4 × 13,5 cm

1916
Edward Johnston
London Transport
Grande-Bretagne, logo

Theo van Doesburg (né Christian Emil Marie Küpper, 1883, Utrecht, Pays-Bas – 1931, Davos, Suisse) fut un peintre, architecte, écrivain et designer hollandais et cofondateur du mouvement De Stijl avec Piet Mondrian. Défenseur d'une approche intégrative de l'art, du design et de l'architecture – et se servant de formes simplifiées et géométriques –, van Doesburg exposa pour la première fois son œuvre en 1908. Plus tard, il consacra une grande partie de son temps à écrire de nombreux essais et articles, tout en collaborant avec El Lissitzky et Kurt Schwitters. Il publia la revue dadaïste *Mécano* sous le pseudonyme I. K. Bonset.

qui caractérise l'identité visuelle du réseau. L'objectif du cercle rouge traversé d'un rectangle bleu était de se démarquer clairement dans le flot de réclames affichées aux abords des stations de métro. Également appelée « the bullseye » (l'œil-de-bœuf), la cocarde a été reprise par d'autres systèmes de transports publics. Le logo du métro de Londres n'est associé à aucun nom particulier ; depuis de nombreuses décennies, il est devenu une partie intégrante de l'identité de la ville de Londres.

De Stijl

En 1917, un groupe d'artistes, graphistes et architectes néerlandais fonde à Leyde une nouvelle association d'artistes baptisée De Stijl. Les membres du groupe sont liés par le désir et la recherche de solutions géométriques et abstraites inédites dans leurs champs d'application respectifs. À côté de la pratique, le groupe débat de la théorie moderne du graphisme, notamment de questions portant sur la symétrie et l'asymétrie, la couleur et la non-couleur ou l'objectivité et la subjectivité. L'année même de la fondation de l'association et sous la direction de l'auteur et graphiste Theo van Doesburg, une des grandes forces motrices du groupe, fut aussi créée la revue d'art éponyme *De Stijl*, qui servit pendant de nombreuses années de porte-voix à ce groupe influent.

DE STIJL

MAANDBLAD VOOR NIEUWE KUNST EN KULTUUR (OPGERICHT 1917) REDACTIE: THEO VAN DOESBURG, KORTE GALGEWATER 3. ADM.: MORSCHWEG 20, LEIDEN

„DE STIJL" IS IN HOLLAND HET EERSTE EN EENIGE RADICALE TIJDSCHRIFT VAN DE AVANTGARDE. BESTRIJDT ALLE UITWASSEN EENER INDIVIDUEELE, MATERIALISTISCHE KUNST- EN LEVENSBESCHOUWING. RICHT ZICH NAAR EEN MONUMENTALE EENHEID ALLER KUNSTEN OP NIEUWE GRONDSLAGEN.

Mihály Biró (1886–1948, Budapest) fut un graphiste et artiste hongrois de premier plan dans le domaine des affiches politiques. Après des études à l'école des arts et métiers de sa ville natale, Biró séjourna à Munich et à Berlin avant de s'établir à Londres, où il étudia auprès de Charles Robert Ashbee. Influencé par le mouvement Arts and Crafts, il rentra ensuite à Budapest, où il produisit le meilleur de son œuvre entre 1910 et 1912. Réformé en 1917, il dessina une couverture pour le magazine allemand *Das Plakat* avant de devenir un important artiste de propagande dans le contexte de l'éphémère République soviétique hongroise (1919).

1917
Theo van Doesburg
De Stijl
Pays-Bas, publicité

1917
James Montgomery Flagg
I Want You for U.S. Army
États-Unis, affiche, 75 × 102 cm

1920
Hilda Mary Dallas
Votes for Women Wanted Everywhere!
Grande-Bretagne, affiche, 49,8 × 75 cm

1911
Mihály Biró
Palma
Hongrie, affiche, 95 × 63 cm

1910
Albert Knab
Die Woche
Allemagne, affiche, 95 × 70 cm

TOLSON
WE NEED YOU!
COAST ARTILLERY CORPS U.S.A.
RODE & BRAND LITHO N.Y.C.

L E W
LECH-ELEKTRIZITÄTS
WERKE·A·G·AUGSBURG

to-day
buy that
liberty bond

1917
Norman Tolson
We Need You!
États-Unis, affiche, 94 × 62 cm

1913
Ludwig Hohlwein
LEW Lech-Elektrizitäts Werke A.G.
Allemagne, affiche, 75 × 95 cm

1917
To-Day Buy That Liberty Bond
États-Unis, affiche, 57 × 71 cm

1917
H. L. Roowy
Pneu Pirelli
Italie, affiche, 100 × 139 cm

1912
Leonetto Cappiello
Oxo
France, affiche, 187 × 248 cm

1919
Edward McKnight Kauffer
Daily Herald
Grande-Bretagne, affiche, 152 × 298 cm

1920–1929

1927
Jan Tschichold
Graphische Werbekunst
Allemagne, affiche, 63 × 86 cm

1925
Alexandre Rodtchenko
Books please!
Russie, affiche, 71 × 109 cm

1919
Kurt Schwitters,
Theo van Doesburg
dAdA Matinee
Allemagne/Pays-Bas, affiche,
85 × 82 cm

Les années 1920 ont été marquées, en Europe centrale plus qu'ailleurs, par la proximité entre la branche créative commerciale et l'avant-garde artistique. Les deux domaines travaillent aux avancées visuelles pour des motifs différents. La photographie fait son entrée dans le domaine du graphisme en tant que nouveau moyen d'expression. Le Bauhaus devient une école de la modernité qui marque le style de l'époque de son empreinte, dans le cadre d'une influence globale. En France, l'Art déco produit un nouveau langage visuel qui trouve sa place dans les domaines commerciaux comme artistiques, et qui sera rapidement adapté internationalement. Dans le contexte d'une conjoncture économique mondiale favorable, après les horreurs de la Première Guerre mondiale, s'égrène une décennie que l'on a souvent qualifiée d'« âge d'or », et qui a produit de nombreux chefs-d'œuvre dans les domaines de l'art, de la littérature et du cinéma. En octobre 1929, le krach boursier mit toutefois un terme à cette décennie et introduisit la sombre époque des années 1930.

Dada

Pendant la Première Guerre mondiale, partant de son premier foyer zurichois, Dada développe une forme d'expression fondée sur des performances avant d'investir rapidement les domaines des arts plastiques et de la littérature. Aux côtés du fondateur du mouvement Tristan Tzara, des artistes comme Jean Arp, Hugo Ball ou Marcel Janco conçoivent leurs activités comme une révolte contre la scène artistique traditionnelle et la folie nationaliste. Partout en Europe, mais aussi aux États-Unis et au Japon, apparaissent alors divers groupes Dada, et des artistes comme Man Ray et Marcel Duchamp font d'importantes contributions. Dans ce qui peut être considéré comme un essaimage dadaïste, de nombreuses revues artistiques voient le jour. Leur graphisme anticonformiste fascine encore aujourd'hui comme un des marqueurs forts de la transition vers le graphisme moderne.

La nouvelle typographie

Le concept de « nouvelle typographie » remonte au professeur du Bauhaus László Moholy-Nagy et devint synonyme de graphisme moderne sous le signe d'une typographie réduite. À partir de 1925, le jeune graphiste Jan Tschichold rédige plusieurs manifestes de l'avant-garde du graphisme, qui

Alexandre Rodtchenko (1891, Saint-Pétersbourg – 1956, Moscou) fut un artiste, photographe et graphiste de l'Union soviétique, et le chef de file du mouvement constructiviste. Après des études à l'école des beaux-arts de Kazan, Rodtchenko s'installa à Moscou, où son affiche pour la maison d'édition de l'État Gosizdat (1924) – intitulée *Livres* – exerça une immense influence sur le graphisme. Accusé plus tard de formalisme (et aussi à cause de sa participation au groupe productiviste), Rodtchenko enseigna dans les années 1920 aux Ateliers supérieurs technico-artistiques, une organisation moscovite supervisée par le Bauhaus. Son travail et ses collaborations sont devenus des héritages intrinsèques de la révolution russe.

Jan Tschichold (1902, Leipzig – 1974, Locarno, Suisse) fut un typographe, auteur et concepteur de livres allemand. En 1928, le livre de ce calligraphe de formation *Die neue Typografie* devint un des manifestes modernistes les plus influents de son époque. Cet ouvrage fut suivi par plusieurs autres sur la théorie du design. En 1933, fuyant l'Allemagne nazie, Tschichold se réfugia en Suisse et commença à revenir sur sa ligne moderniste. Ses réalisations originales comprennent les fontes Saskia (1931–1932), Zeus (1931) et Sabon (1966–1967). En 1947, Tschichold fit un séjour de deux ans à Londres dans le cadre d'une commande pour redessiner 500 titres de livres de poche pour Penguin Books, ce qui l'amena à formuler les *Penguin Composition Rules*.

regroupe des graphistes comme El Lissitzky, Otto Baumberger ou Piet Zwart. Conçus le plus souvent en rouge et noir, les travaux des nouveaux typographes rompaient avec les règles graphiques traditionnelles et produisirent des compositions modernes d'éléments graphiques. Si cette nouvelle stylistique ne trouva d'abord qu'une application restreinte dans la pratique professionnelle, elle exerça une forte influence sur le graphisme international et apporta une contribution décisive à sa modernisation.

Les logos modernes

Pendant la seconde moitié du XIXe siècle, les sigles d'entreprises s'imposent dans tous les domaines de l'industrie et du commerce. Presque toujours figuratifs et complexes, ces premiers sigles n'ont pas grand-chose à voir avec le logo tel que nous le concevons aujourd'hui. La création de signes compacts ne prit son essor qu'à la fin des années 1910, avec des graphistes allemands comme Wilhelm Deffke, Karl Schulpig ou F. H. Ehmcke. Ces graphistes s'appuyèrent pour la première fois sur des formes rigoureusement géométriques et une simplicité graphique, fondant ainsi rien de moins que le logo moderne, qui se développera peu à peu jusqu'à devenir une distinction visuelle omniprésente établie aujourd'hui dans le monde entier.

Bauhaus

Quelques années seulement après sa fondation en 1919, le Bauhaus jouissait déjà d'une renommée internationale d'école de design et de graphisme résolument innovatrice, une réputation qui s'y attache encore aujourd'hui comme un mythe. À Weimar d'abord, et plus tard à Dessau et à Berlin, l'architecte Walter Gropius, dont la vision était de communiquer l'art et l'artisanat sous une forme nouvelle, réunit un corps d'enseignants comptant des artistes avant-gardistes comme Johannes Itten, Josef Albers, Paul Klee ou Vassily Kandinsky. En 1923, il nomma professeur l'artiste hongrois László Moholy-Nagy, qui établit le graphisme au Bauhaus et inaugura en cette même année le concept de « nouvelle typographie ». Quelques années plus tard, Herbert Bayer devint le chef de file de l'école en matière de design : ses projets, qui ont marqué de leur empreinte les critères visuels et l'approche créative du Bauhaus, n'ont rien perdu de leur pertinence jusqu'à nos jours.

El Lissitzky (1890, Pochinok, Russie – 1941, Moscou) fut un artiste de l'avant garde russe qui eut pour mentor Kasimir Malevitch et qui produisit lui aussi une grande quantité de support de propagande suprématiste pour l'Union soviétique. Influence majeure sur le Bauhaus et les constructivistes, il commença à enseigner à l'âge de 15 ans et pensait que les artistes étaient des acteurs clé du changement. D'origine juive lituanienne, en 1921, Lissitzky devint l'ambassadeur culturel de la Russie auprès de la république de Weimar et collabora avec des figures du Bauhaus et du mouvement De Stijl. Jusqu'à la fin de sa vie, il travailla en continuant de promouvoir la culture et l'État soviétique.

John Heartfield (1891–1968, Berlin) fut un graphiste prolifique dans le domaine de l'édition et des arts performatifs. Né Helmut Herzfeld, il change son nom en 1917 pour protester contre la montée de l'anglophobie en Allemagne. Heartfield a fait partie du groupe dada de Berlin, mais ses conceptions de jaquettes de livres pour Upton Sinclair et ses décors pour des pièces de Bertolt Brecht et d'Erwin Piscator qui vont vraiment lancer sa carrière. Son travail satirique tourne en dérision Hitler et le régime nazi en subvertissant souvent leurs symboles, ce qui fait de lui un homme à abattre. En 1933, Heartfield échappe à un assassinat par les SS et s'installe finalement en Angleterre en 1938.

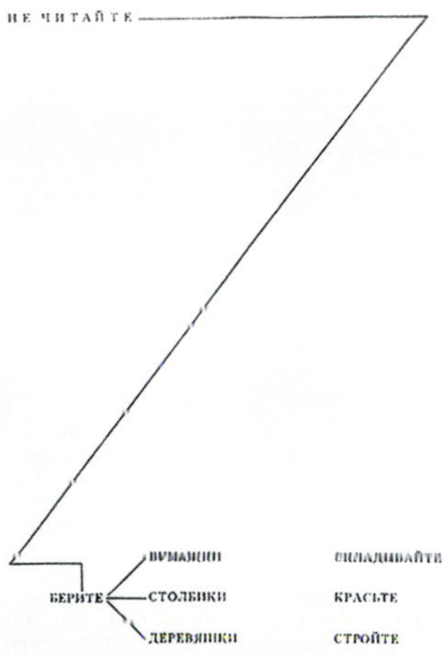

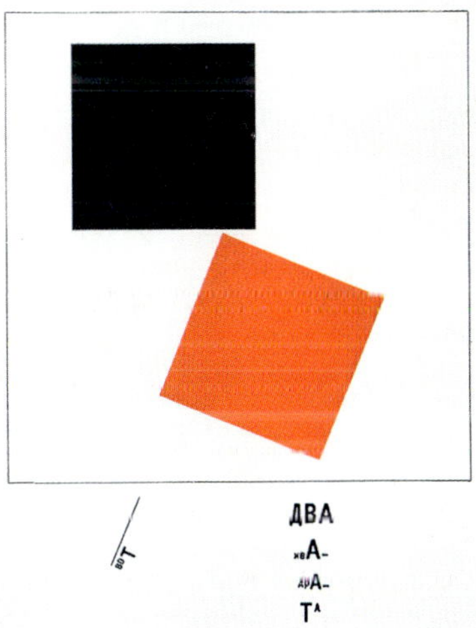

1922
Oskar Schlemmer
Staatliches Bauhaus Weimar
Allemagne, logo

1925
László Moholy-Nagy
Internationale Architektur
Allemagne, couverture de livre, 18 × 23 cm

1928
John Heartfield
Fünf Finger hat die Hand
Allemagne, affiche, 67,5 × 97 cm

1922
El Lissitzky
Pro dva kvadrata
Russie, couverture de livre, 21 × 29,7 cm

UJSÁG
BORTNYIK

1926
Sándor Bortnyik
Ujság
Hongrie, affiche, 62 × 94 cm

1923
El Lissitzky
Broom, No. 4
Russie, couverture de magazine, 19,8 × 27,3 cm

1924
Curt Peters
Harold Lloyd. Alldeles på vippen
Suède, affiche, 59 × 89,5 cm

1924
Leonetto Cappiello
Contratto
France/Italie, affiche, 99 × 140,3 cm

1930–1939

1927
A. M. Cassandre
Nord Express
France, affiche, 74,9 × 105 cm

1930
Lajos Marton
Leroy. Verres de Qualité Optique Médicale
France, affiche, 77 × 114 cm

1937
Edward McKnight Kauffer
Air Mail Routes
Grande-Bretagne, affiche, 91 × 73,5 cm

Une crise économique mondiale, partie des États-Unis, frappe le reste du monde au début des années 1930. Le chômage de masse devient alors un enjeu crucial pour sociétés occidentales, entraînant dans son sillage l'arrivée au pouvoir de gouvernements fascistes dans différents pays européens, notamment en Allemagne avec les nationaux-socialistes. Dans le même temps, des régimes dictatoriaux s'imposent en Russie et en Chine communistes, ce qui a un impact défavorable sur l'innovation artistique et la créativité. La censure et les doctrines formelles d'État entravent considérablement l'évolution des arts visuels. Cette décennie illustre de manière on ne peut plus flagrante la corrélation entre évolution socio-politique et culture visuelle. En effet, de nombreux créatifs émigrent aux États-Unis, et, pendant que la Seconde Guerre mondiale fait rage en Europe, la ville de New York devient le nouveau moteur de l'évolution du design et de la publicité.

Art déco

Dans le Paris des années 1920, un nouveau style voit le jour et va s'imposer en quelques années dans les domaines du graphisme, du design de produits et de l'architecture : l'Art déco. Ce nom sonore évoque aussi l'air du temps et le regard optimiste que l'époque porte sur un avenir marqué par la technologie et le luxe. Des graphistes français comme A. M. Cassandre, Jean Carlu ou Jean Colin conçoivent alors des affiches emblématiques. Partant de France, le nouveau style se diffuse rapidement dans le monde entier et a grandement marqué de son empreinte le graphisme international jusqu'au début de la Seconde Guerre mondiale.

L'Isotype

L'Isotype (*International System of Typographic Picture Education*, en fr. Système international d'éducation par les images typographiques) est un langage visuel à visée universelle, basé sur des pictogrammes, des répétitions de figures et d'autres idées, et développé de 1925 à 1934 à partir de la « méthode viennoise de la statistique par l'image ». Spécialement conçue par Otto Neurath au musée de la Société et de l'Économie (Gesellschafts- und Wirtschaftsmuseum) à Vienne, cette méthode visait à l'explication aisée au moyen d'icônes standardisées et de leur utilisation structurelle. Ce domaine a aussi bénéficié de l'inestimable apport de Gernd Arntz, qui dessina de très nombreux pictogrammes de l'Isotype. Le

A. M. Cassandre (né Adolphe Jean-Marie Mouron, 1901, Kharkov, Ukraine – 1968, Paris) fut un affichiste et créateur de caractère franco-ukrainien. Élève de l'École nationale des beaux-arts de Paris, il devint un des designers les plus influents des années 1930, pendant lesquelles il enseigna aussi à l'École nationale supérieure des arts décoratifs et à l'École d'art graphique. Après avoir servi dans l'armée française pendant la Seconde Guerre mondiale, il travailla pour des marques de mode comme Hermès et Yves Saint Laurent. Les travaux emblématiques de Cassandre comprennent ses affiches pour le paquebot *Normandie*, la police de caractères Peignot et plusieurs couvertures pour *Harper's Bazaar*.

Edward McKnight Kauffer (1890, Great Falls, Montana – 1954, New York) fut un designer moderniste américain et un des affichistes les plus influents en Grande-Bretagne pendant les années 1920 et 1930. En 1913, après de brèves études à l'Institut d'art de Chicago, McKnight Kauffer se rendit en Europe, où il suivit les cours de l'Académie moderne à Paris jusqu'à l'année suivante. Établi à Londres pendant vingt-cinq ans, il y produisit 140 affiches pour le métro londonien, tout en travaillant pour Shell. De retour à New York en 1940, il connut des difficultés pour reprendre pied, mais retrouva le succès grâce à ses affiches pour American Airlines.

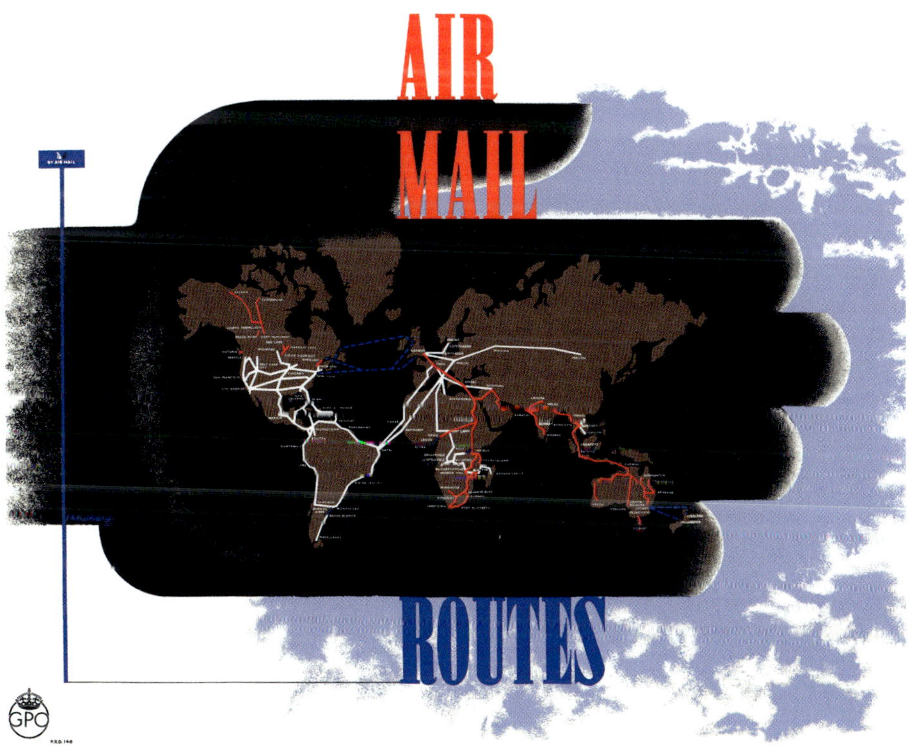

Herbert Bayer (1900, Haag am Hausruck, Autriche – 1985, Montecito, Californie) fut un artiste et designer austro-américain qui étudia au Bauhaus avant d'y être nommé directeur de l'atelier d'imprimerie et de graphisme publicitaire par Walter Gropius. En 1928, il quitta l'école pour se lancer dans une carrière publicitaire à Berlin, appliquant nombre d'idées du Bauhaus dans sa pratique commerciale. Après son installation aux États-Unis en 1938, Bayer connut une longue carrière et travailla dans tous les domaines du graphisme. En 1946, son déménagement à Aspen dans le Colorado lui permit de travailler dans l'architecture et le design intérieur pour le philanthrope Robert O. Anderson, qu'il aida aussi à constituer sa collection d'art.

1930
Herbert Bayer
section allemande
Allemagne, affiche, 117 × 158 cm

1935
20th Century Fox
États-Unis, logo

terme Isotype a été inventé vers 1935, au moment où Neurath et Arntz se voyaient contraints de quitter Vienne en raison de la montée du IIIe Reich.

La nouvelle image de marque de la Suisse

La collaboration entre le photographe et graphiste Herbert Matter et l'office du tourisme suisse débute en 1932. Elle a donné lieu à de nombreuses affiches et prospectus dont les photomontages colorés ont établi un langage visuel entièrement nouveau et sont aujourd'hui emblématiques de la volonté d'innovation du graphisme suisse. Avec leur dynamique et leur précision tout à fait uniques, les images composites de Matter n'ont rien perdu de leur pouvoir de fascination. Bien avant que la photographie en couleurs puisse être reproduite au format de l'affiche, Matter a tiré parti des possibilités disponibles à l'époque en insérant des photographies en noir et blanc dans des parties colorées en cours d'impression. Souvent copiée par la suite, sa méthode aussi simple qu'efficace remplacera le style pictural de l'illustration de l'époque, et ses applications déborderont largement le cadre de la publicité touristique.

Les magazines en couleur

Le magazine de mode américain *Vogue* fait partie d'une série de publications qui cherchèrent à prendre un nouveau départ en matière de conception visuelle après la Grande Dépression. Dès 1932, la première couverture paraît avec une photographie en couleurs, et à la fin de la décennie, des photographes et graphistes utilisent la nouvelle technique d'une manière particulièrement créative, combinant l'image et l'écriture pour créer de fascinantes compositions et imposant ainsi de nouveaux standards au graphisme moderne.

1939
Anton Bruehl (photo)
Vogue
États-Unis, couverture de magazine, 20,5 × 28 cm

1935
Herbert Matter
Engelberg
Suisse, affiche, 64 × 101 cm

THE NORTH CHINA RAILWAY CO.
華北交通株式會社
MADE IN JAPAN

1939
The North China Railway Co.
Chine, affiche, 73 × 102 cm

1939
Geo Ham
Rallye Monte Carlo
France, affiche, 76 × 40 cm

1936
Gert Sellheim
Australia Surf Club
Australie, affiche, 63,5 × 101,5 cm

1940
Edward Young
George Orwell: Down and Out
Grande-Bretagne, couverture de livre

1940–1949

La Seconde Guerre mondiale occupe la première moitié de cette décennie. Des millions d'hommes et de femmes sont tués et touchés directement ou indirectement par le conflit. Les années de guerre influencent tous les domaines de la vie et laissent aussi leurs traces dans le domaine du graphisme. Plus encore que pendant la Première Guerre mondiale, la communication visuelle est un moyen important pour influencer les masses. À la fin de la Seconde Guerre mondiale en 1945, dans la plupart des pays, l'économie renaissante redevient le moteur de la branche créative. Aux États-Unis surtout apparaissent désormais des tendances visuelles globales. Comme scène du nouveau graphisme américain, elles ont notamment à leur disposition les nombreux magazines new-yorkais de mode et d'art de vivre. Si les affiches ou les couvertures des magazines sont encore dominées par l'illustration – du fait de l'imperfection des moyens techniques de reproduction en couleur –, la photographie commence à s'imposer comme le vecteur stylistique propre à l'époque.

Les affiches de la Seconde Guerre mondiale

Au début des années 1940, les grandes puissances sont entraînées dans la Seconde Guerre mondiale. Comme pendant la Première Guerre mondiale, les gouvernements font appel aux moyens de communication visuelle pour informer les populations et les préparer aux privations de la guerre. Des départements spécialisés sont créés et produisent des affiches et des imprimés sous la supervision de l'État ou du commandement militaire. C'est surtout aux États-Unis et en Grande-Bretagne que des graphistes de premier plan, comme Lester Beall ou F. H. K. Henrion, mettent leurs forces au service de la lutte contre le fascisme. À côté des réalisations propagandistes plutôt insignifiantes en termes de graphisme, une série de créations exceptionnelles voient le jour, associant de manière impressionnante l'histoire de l'époque et celle du graphisme.

Le photoréalisme en affiche

Après la guerre, en Suisse, des affiches d'un nouveau genre deviennent populaires, mettant en scène des objets et des produits sous une forme photoréaliste. Des graphistes comme Donald Brun ou Fritz Bühler poursuivent une évolution amorcée dès les années 1930 visant à un style d'illustration objectif, neutre, proche de la photographie. Il faudra attendre les années 1960 pour que l'évolution des techniques d'impression permette d'imprimer de vraies photographies en couleurs au format d'affiche. Les réalisations de la fin des années 1940 préfiguraient une sorte d'hyperréalisme – la perfection des mises en scène de la future photographie publicitaire.

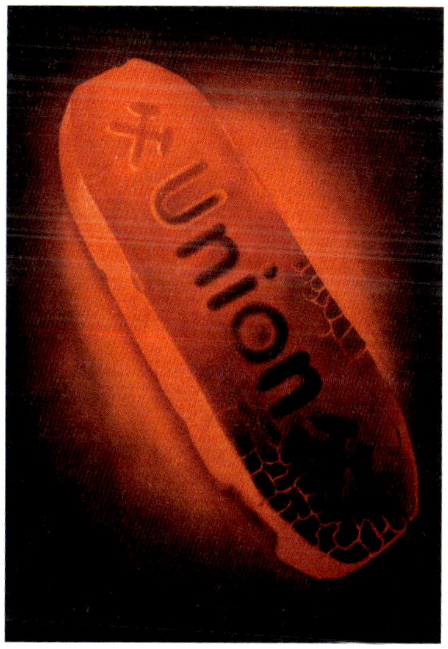

1944
Patrick Cokayne Keely
Indie moet vrij!
Grande-Bretagne, affiche, 48 × 71 cm

1943
F.H.K. Henrion
Four Hands
Grande-Bretagne, affiche, 50,5 × 66,5 cm

1943
Fritz Bühler
Union
Suisse, affiche, 90 × 127 cm

1942
Peter Birkhäuser
Wer rechnet, kauft im Globus
Suisse, affiche, 90 × 127 cm

1941
Alex Steinweiss
Frankie Carle
États-Unis, pochette de disque,
25,5 × 30 cm

1947
Alvin Lustig
Tennessee Williams:
A Street Car Named Desire
États-Unis, couverture de livre,
17 × 23,5 cm

1949
Cipe Pineles (DA)
Seventeen
États-Unis, couverture de magazine,
25 × 33 cm

1946
Alexey Brodovitch (DA)
Harper's Bazaar
États-Unis, couverture de magazine,
25 × 33 cm

1947
Alexey Brodovitch (DA)
Tips on Your Fingers
États-Unis, double-page de magazine,
50 × 33 cm

Alex Steinweiss (1917, New York – 2011, Sarasota, Floride) fut un graphiste américain considéré comme l'inventeur de la pochette d'album moderne. Diplômé de la Parsons School of Design, Steinweiss travailla ensuite avec l'affichiste autrichien Joseph Binder. En 1938, devenu premier directeur artistique de Columbia Records, il comprit que les pochettes d'albums pouvaient être décorées d'illustrations et de compositions rappelant des affiches, ce qui les rendait plus attractives pour les acheteurs. Cette simple idée allait ouvrir tout un nouveau champ d'activité à l'art et au design, et Steinweiss produisit lui-même plus de 2 500 pochettes d'albums.

Alvin Lustig (1915, Denver – 1955, New York) fut une figure clé du design moderniste américain, et son travail remarquable inclut jaquettes de livres, magazines, intérieurs et textiles. Il se forma au Art Center College of Design à Los Angeles, et plus tard à l'atelier Taliesin de Frank Lloyd Wright. Les jaquettes de livres furent son premier contact avec le design, après quoi il commença à travailler pour différents magazines, notamment pour *Fortune*. Dans les années 1940–1950, son expérience au sein de la maison d'édition New Directions lui permit de consolider son style et son approche du métier. Lustig a réalisé des couvertures pour des livres d'Ezra Pound, Henry Miller et Gertrude Stein, entre autres.

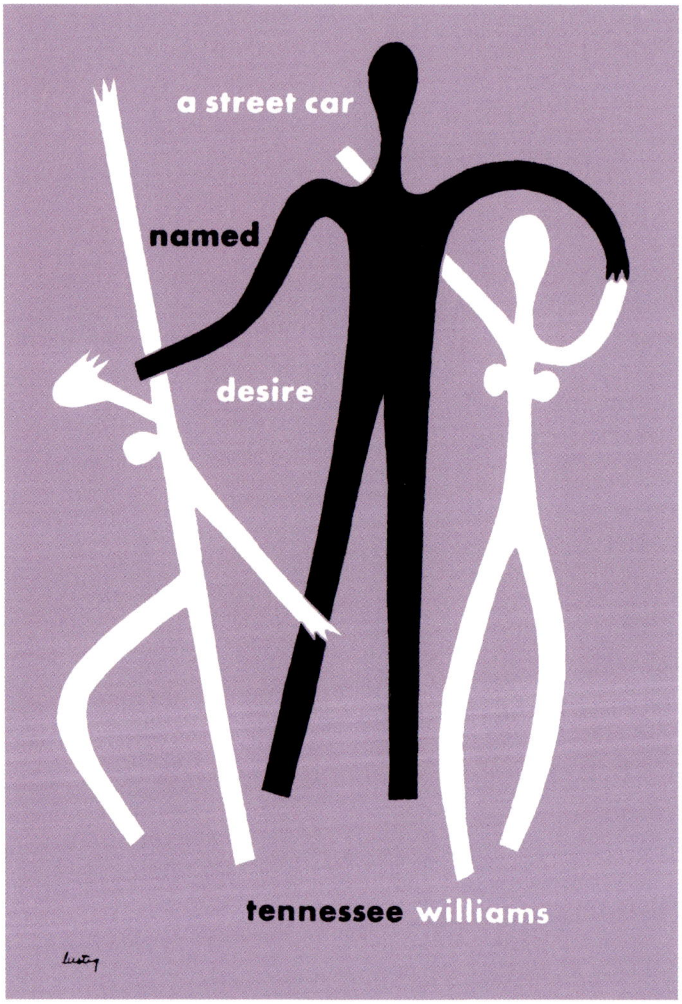

Cipe Pineles (1908, Vienne – 1991, New York) fut une graphiste éditoriale austro-américaine novatrice. Après un début de carrière chez Condé Nast, pendant les années 1930 et 1940, elle gravit les échelons de la profession dominée par les hommes, jusqu'à devenir la première femme directrice artistique de la publication de masse *Glamour*. Elle produisit aussi un travail pionnier pour *Seventeen*, *Charm* et *Mademoiselle,* et fut notamment la première à engager des artistes pour illustrer des magazines populaires. Pineles fut aussi la première femme à intégrer l'Art Directors Club à New York (en 1943) et l'AGI (en 1955).

Alexey Brodovitch (1898, Ogolichi, Biélorussie – 1971, Le Thor, France) fut un photographe et designer russe connu comme directeur artistique éditorial chez *Harper's Bazaar* entre 1934 et 1958. Artiste autodidacte, il combattit dans les rangs de l'armée russe, et plus tard contre les bolcheviks, avant de se réfugier en France. À Paris, il fut exposé à tous les mouvements artistiques de l'époque et se lança tout naturellement dans le design après avoir remporté un concours d'affiches en 1924 – Picasso avait été deuxième. Travaillant d'abord pour des magazines et metteur en pages pour les *Cahiers d'Art* et *Arts et Métiers Graphiques*, Brodovitch consolida ensuite son travail pour *Harper's*.

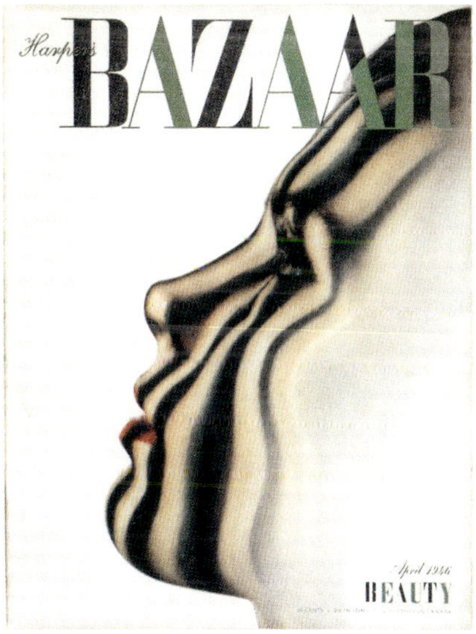

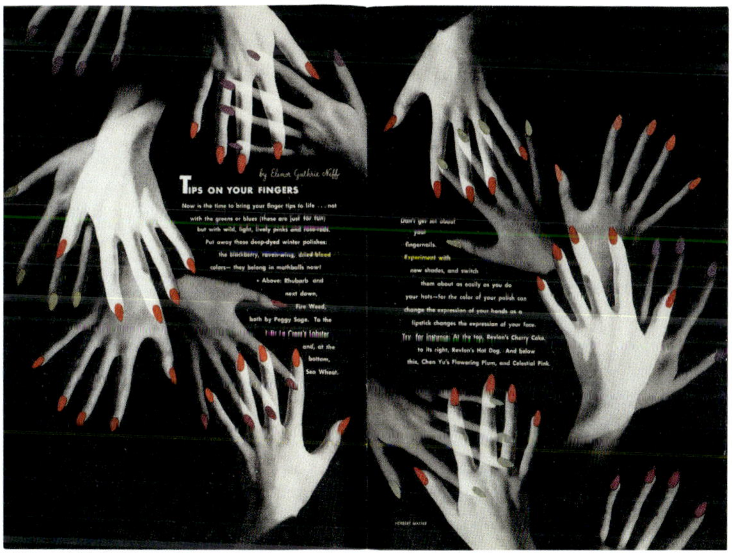

日本
JAPON
30-0210
HAVAS

1945
Havas Paris
Japon
France, affiche, 98,5 × 150 cm

1942
J. Howard Miller
We Can Do It!
États-Unis, affiche, 43 × 56 cm

1945
Rolf Rappaz
Schweizer Mustermesse Basel
Suisse, affiche, 90 × 127 cm

1948
Jan Lewitt, George Him
American Overseas Airlines
Grande-Bretagne, affiche, 95 × 60 cm

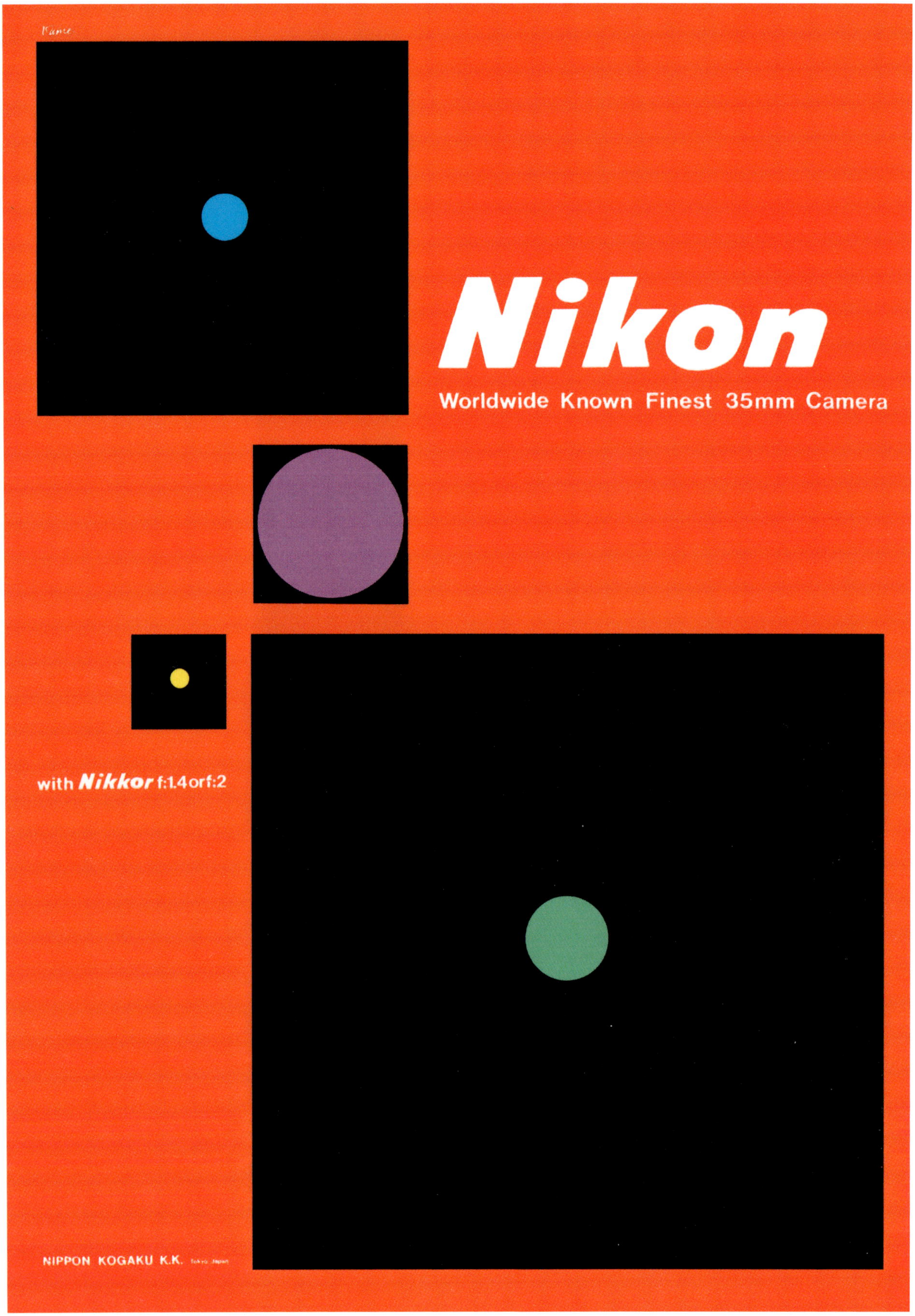
Nikon
Worldwide Known Finest 35mm Camera
with Nikkor f:1.4 or f:2
NIPPON KOGAKU K.K.

1950–1959

Dans bien des pays, les années 1950 sont marquées par un esprit progressiste et un extraordinaire optimisme, même si la guerre froide dessine un nouveau conflit international. Dans les sociétés occidentales surtout, la télévision s'impose en tant que média de masse, et de plus en plus de gens peuvent s'acheter une voiture. En même temps débute une prometteuse concurrence pour la conquête de l'espace. Dans le domaine de la communication visuelle aussi, l'esprit qui prévaut est celui d'un nouveau départ, et d'innombrables nouvelles tendances voient le jour. La scène publicitaire américaine innovante développe un nouveau maniement ludique de la typographie. En Suisse apparaissent des travaux qui présentent un net minimalisme à la fois graphique et typographique dans le sillage de l'ancienne avant-garde, faisant entrer rien de moins que la modernité dans le graphisme. Pour la première fois, une jeune génération de designers se manifeste en Pologne avec des affiches nouvelles, en partie expressionnistes. À côté de ces précurseurs au rayonnement international, une culture du design moderne se développe désormais aussi dans des pays restés jusqu'alors discrets dans le domaine du graphisme.

Yusaku Kamekura (1915, Niigata – 1997, Tokyo) fut un artiste graphiste japonais hautement acclamé dont le travail présente une combinaison très caractéristique de modernité Bauhaus et de formes japonaises traditionnelles. Diplômé de l'Institut d'architecture et des nouveaux arts industriels de Tokyo, Kamekura rejoignit la maison d'édition Nippon Kobo, au sein de laquelle il supervisa l'édition de la revue *Nippon* et la publication thaïlandaise *Kaupapu*. En 1964, il fut pionnier dans l'utilisation de la photographie pour promouvoir les Jeux olympiques. On attribue souvent à Kamekura l'invention du terme « image de marque ».

Les affiches en Pologne

Après 1945, alors que la Pologne est devenue un État soviétique contrôlé par les communistes, un groupe de jeunes graphistes hautement doués découvre qu'ils ont la possibilité de faire servir leur extraordinaire talent. Loin de l'influence des marchés capitalistes, un nouveau langage visuel se développe alors essentiellement dans le domaine de l'affiche et apparaît dans bien des cas comme diamétralement opposé au graphisme publicitaire occidental et à son aspect visuel harmonieux et enjôleur. À la frontière entre mission communicative et propos artistique autonome, l'affiche culturelle devient la marque de fabrique du graphisme polonais. Le maniement inédit et souvent expressif de l'écriture et de l'image est rapidement adopté dans d'autres pays de l'Est jusqu'à devenir le style visuel dominant de l'autre côté du rideau de fer.

L'humour dans le graphisme

On peut y voir une réaction aux années d'horreur et de privations de la Seconde Guerre mondiale : dans les années 1950, un peu partout dans le monde, l'humour devient un nouveau vecteur visuel du graphisme publicitaire. Pendant quelques années, que ce soit au Japon, aux États-Unis ou en Angleterre, la publicité de produits notamment est dominée par des personnages sympathiques et des visualisations qui rappellent la bande dessinée. Des graphistes français comme Hervé Morvan ou Raymond Savignac excellent dans ce domaine et créent des affiches dans lesquelles la réclame proprement dite pour des boissons, cigarettes ou appareils, est pratiquée de manière presque accessoire.

La photographie publicitaire

Après la crise économique mondiale et l'engagement victorieux dans la Seconde Guerre mondiale, une ère d'optimisme s'ouvre aux États-Unis. La classe moyenne surtout connaît une ascension sociale massive. Parallèlement, une publicité de consommation en plein essor cherche de nouveaux moyens pour visualiser ses messages. La photographie est redécouverte par les graphistes publicitaires. Particulièrement, les agences new-yorkaises innovantes de Madison Avenue exploitent les possibilités de la photographie de manière

1955
Yusaku Kamekura
Nikon
Japon, affiche, 76 × 105 cm

1952
Tadeusz Trepkowski
Nie!
Pologne, affiche, 70 × 100 cm

inédite et ludique. La photographie en couleurs s'impose bientôt dans la publicité, mettant fin aux règles esthétiques de l'illustration publicitaire.

Le développement photo artisanal

Lentement mais sûrement dans les années 1950, le retour de la prospérité commence aussi à se faire sentir dans l'Allemagne d'après-guerre. Beaucoup de jeunes graphistes peuvent désormais se payer un équipement photographique et, pour certains, une chambre noire, afin de faire leurs propres développements. Cette nouvelle possibilité technique a conduit à des solutions passionnantes dans le domaine de l'affiche, comme la création d'images compressées et de silhouettes. Particulièrement en Allemagne, elle marque la transition vers le graphisme moderne d'après-guerre.

Le style suisse

Si la modernité, telle qu'elle s'est développée particulièrement en Allemagne dans le domaine du graphisme, est largement réprimée après la prise de pouvoir des nazis en 1933, les idées continuent de se développer en Suisse neutre. Après 1945, Bâle et Zurich et leurs écoles de graphisme concurrentes deviennent les métropoles d'un nouveau modernisme graphique. Des écritures sans serif, des mises en pages harmonisées par des grilles de composition et un langage formel géométrique caractérisent les affiches, livres, emballages et inscriptions. Développée sous l'appellation « style suisse » et appliquée dans de nombreuses publications, cette nouvelle approche du graphisme s'avère bientôt ne pas être qu'une tendance éphémère, mais bien une évolution durable. En tant qu'esthétique universellement applicable, elle détermine aujourd'hui encore en partie l'aspect du graphisme international.

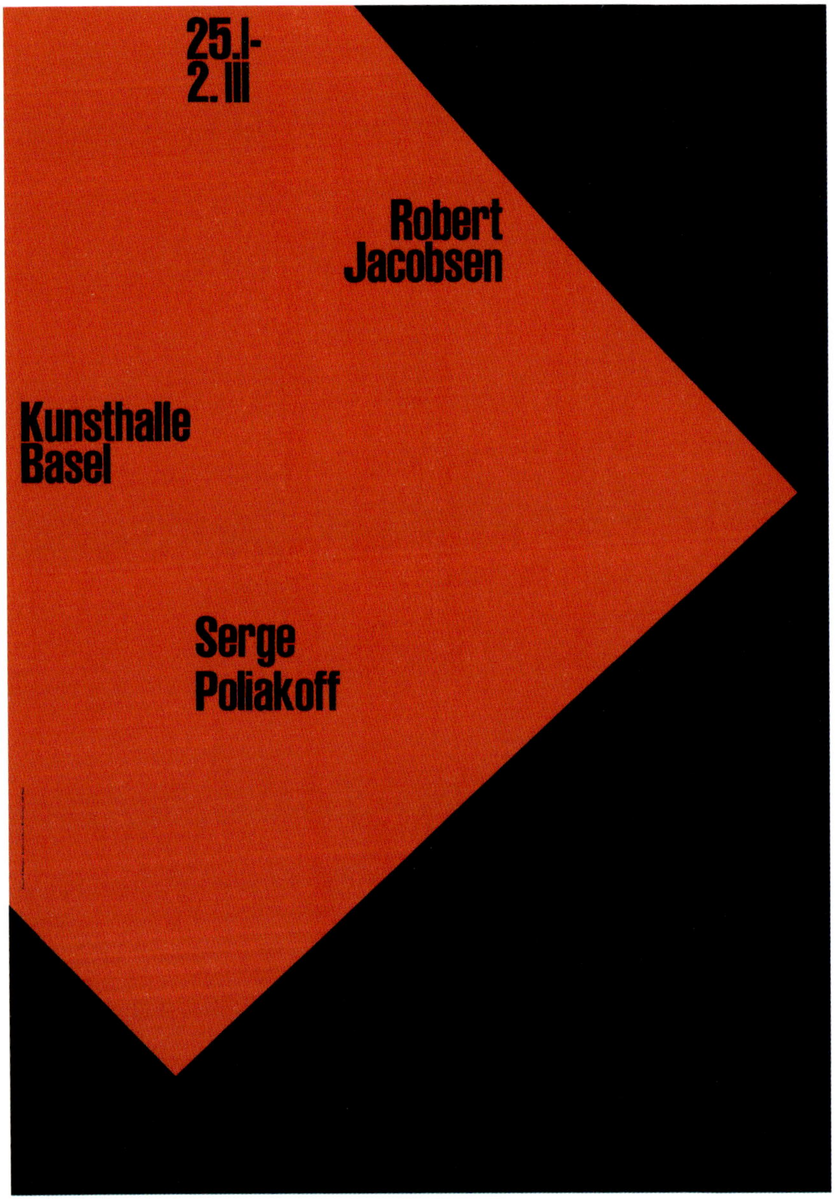

La nouvelle typographie américaine

Tandis qu'en Suisse, une nouvelle typographie se développe sur la base du modernisme d'avant-guerre, une modernisation similaire se produit aussi aux États-Unis. De nouvelles tendances apparaissent dans le traitement de l'écriture ; elles se distinguent moins par la rigueur que par une approche ludique et créative inédite. Dissociée de son propos premier – communiquer de l'information –, la typographie se voit alors élevée au rang d'élément structurel par une nouvelle génération de jeunes graphistes américains, notamment dans des campagnes d'affichage ou des couvertures de livres. C'est surtout dans l'entourage de la scène new-yorkaise innovante que la conception typographique connaît une nouvelle approche.

Armin Hofmann (1920, Winterthur – 2020, Lucerne, Suisse) fut un designer et enseignant suisse qui joua un rôle clé dans le développement du « style suisse ». Partant des éléments fondamentaux du point, de la ligne et de la forme, il articula un langage visuel exprimant à la fois la simplicité, la complexité et l'abstraction, et son travail s'étendit du logotype et des systèmes signalétiques à des livres, des expositions et des affiches. En 1965, Hofmann publia son ouvrage de référence *Manuel de conception graphique* après avoir enseigné à Bâle depuis l'âge de 26 ans et être devenu un des enseignants les plus respectés dans le monde du design. Il a aussi introduit le style suisse aux États-Unis en qualité de professeur invité à l'université Yale.

Josef Müller-Brockmann (1914, Rapperswil – 1996, Unterengstringen, Suisse) fut un enseignant et graphiste suisse dont le travail s'étendit à presque tous les domaines du design. Peu après ses études d'art et d'architecture à Zurich, Müller-Brockmann ouvrir son propre studio, qui proposait aussi des services de photographie et de design d'expositions. En 1958, il cofonda la revue *Neue Grafik*. Au-delà de son travail comme consultant designer pour IBM à partir de 1966, Müller-Brockmann eut une intense activité d'enseignant et écrivit plusieurs livres, notamment *A History of Visual Communication* (1971) et *Grid Systems in Graphic Design* (1981).

1951
William Golden
CBS
États-Unis, logo

1959
Armin Hofmann
Robert Jacobsen, Serge Poliakoff
Suisse, affiche, 90 × 128 cm

1955
Josef Müller-Brockmann
das freundliche Handzeichen
Suisse, affiche, 90 × 128 cm

1957
Lora Lamm
estate e mare
Italie, affiche, 70 × 100 cm

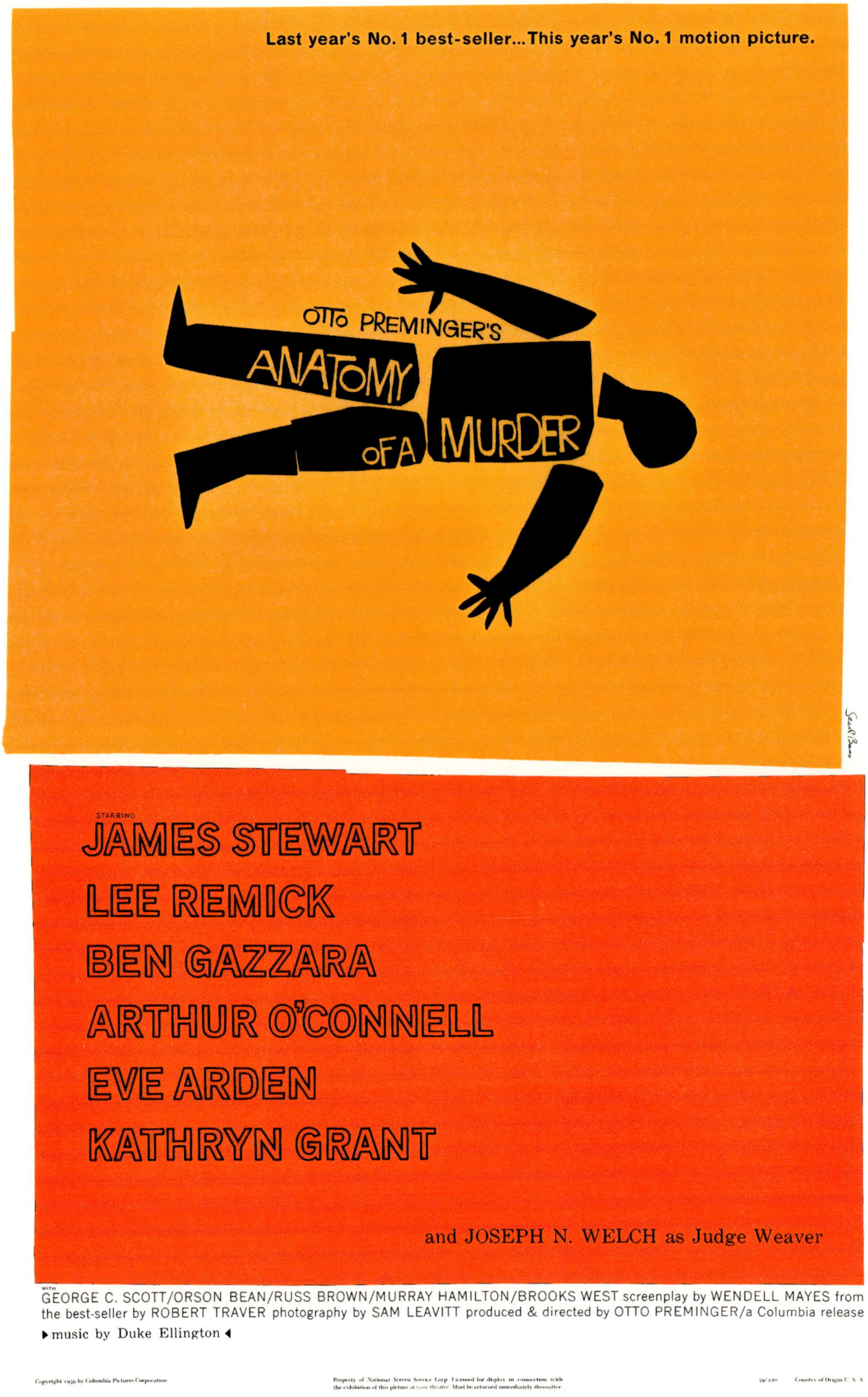

Last year's No. 1 best-seller...This year's No. 1 motion picture.
OTTO PREMINGER'S
ANATOMY
OF A
MURDER
STARRING
JAMES STEWART
LEE REMICK
BEN GAZZARA
ARTHUR O'CONNELL
EVE ARDEN
KATHRYN GRANT
and JOSEPH N. WELCH as Judge Weaver
WITH
GEORGE C. SCOTT/ORSON BEAN/RUSS BROWN/MURRAY HAMILTON/BROOKS WEST screenplay by WENDELL MAYES from the best-seller by ROBERT TRAVER photography by SAM LEAVITT produced & directed by OTTO PREMINGER/a Columbia release
▸ music by Duke Ellington ◂
Copyright 1959 by Columbia Pictures Corporation
Property of National Screen Service Corp. Licensed for display in connection with the exhibition of this picture at your theatre. Must be returned immediately thereafter.
59/220
Country of Origin U. S. A.

1959
Saul Bass
Anatomy of a Murder
États-Unis, affiche, 68,5 × 104 cm

1957
Mary Vieira
Panair do Brasil
Brésil, affiche, 70 × 100 cm

1956
Henri Favre
Disque Bleu
France, affiche, 78 × 120 cm

Années 1950
Erik Nitsche
General Dynamics
États-Unis, affiche, 90 × 127,5 cm

get all the news
and get it right
The New York Times

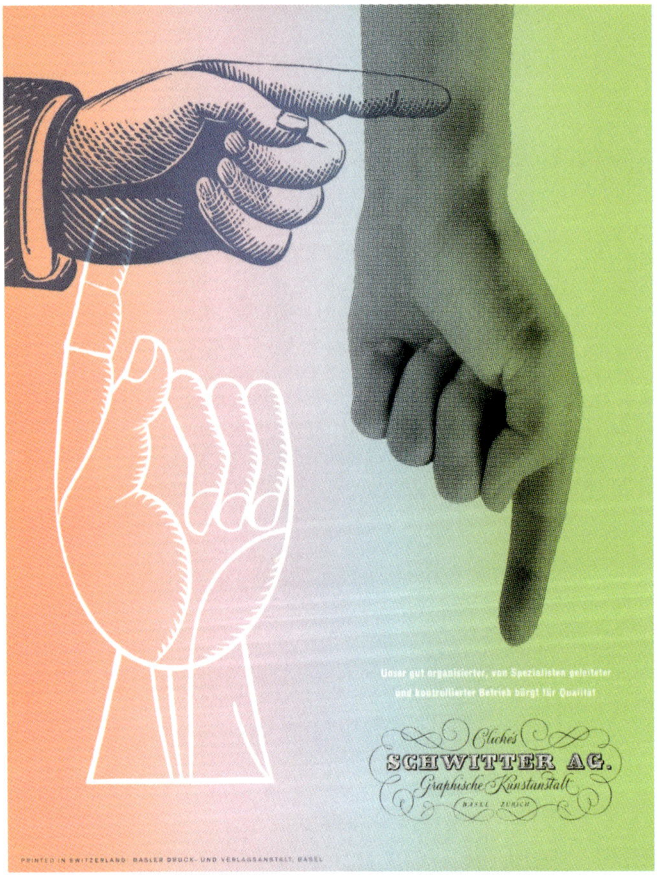
Unser gut organisierter, von Spezialisten geleiteter
und kontrollierter Betrieb bürgt für Qualität
Clichés
SCHWITTER AG.
Graphische Kunstanstalt
BASEL ZÜRICH
PRINTED IN SWITZERLAND: BASLER DRUCK- UND VERLAGSANSTALT, BASEL

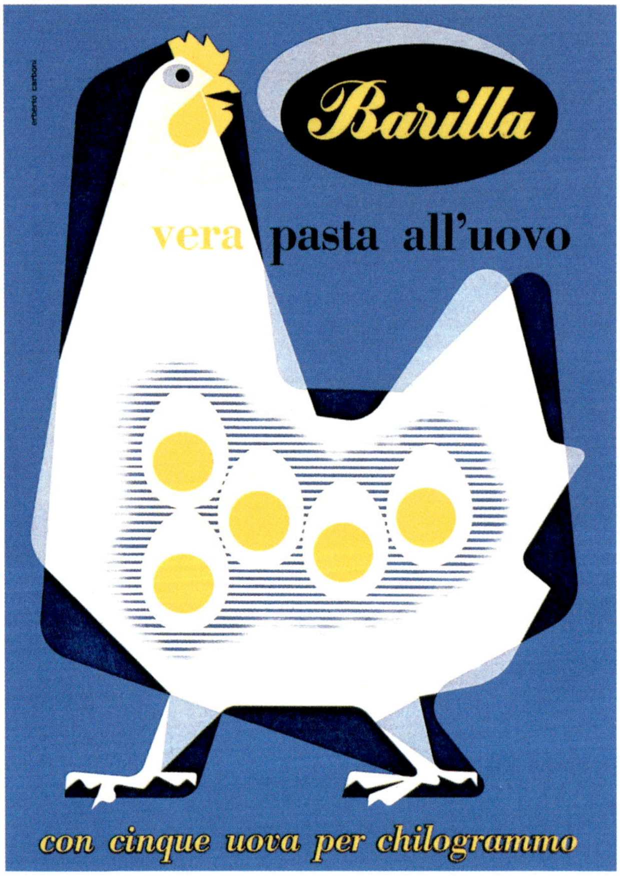
Barilla
vera pasta all'uovo
con cinque uova per chilogrammo

1951
Kenneth D. Haak
The New York Times
États-Unis, affiche, 114 × 150 cm

1950
Clichés Schwitter AG
Suisse, publicité

1958
Erberto Carboni
Barilla vera pasta all'uovo
Italie, affiche, 101,5 × 140,5 cm

1954
Hiroshi Ohchi
Nissan Landry Soap
Japon, affiche, 50 × 72 cm

1959
Tony Palladino
Psycho
États-Unis, couverture de livre, 16 × 25 cm

1960–1969

Les années 1960 marquent l'apogée d'un graphisme à la fois minimaliste et moderniste, et le ton est d'abord donné par la Suisse. Le nouveau style trouve alors son application dans les domaines les plus divers, des emballages alimentaires et du graphisme éditorial à la signalétique dans les aéroports, et il se répand à une vitesse effrénée dans le monde entier, ce qui lui vaut le nom de « style international ». En même temps, les avantages d'une image plus cohérente s'imposent enfin et conduisent à une nouvelle norme dans la communication de marque. Une série de créateurs internationaux comme Paul Rand, Otl Aicher, F. H. K. Henrion ou Yusaku Kamekura marquent durablement de leur empreinte ce nouveau champ d'activité. À côté de toute cette rigueur, la seconde moitié de la décennie voit aussi émerger un graphisme inédit, libéré des conventions et véhiculé par un vocabulaire visuel plein d'émotions. Dans le contexte du jazz, de la pop et du rock se développe une nouvelle imagerie qui, partant de la sous-culture, entre rapidement dans le *mainstream*.

1963
Willy Fleckhaus (DA)
twen
Allemagne, couverture de magazine, 26 × 34 cm

1960
Emil Ruder
ungegenständliche Photographie
Suisse, affiche, 88 × 126 cm

Le style international
La vitesse à laquelle les évolutions visuelles ont pu se diffuser au-delà des frontières nationales dès l'ère analogique est illustrée de manière saisissante par le cas du graphisme suisse. Quelques années après l'avènement du style suisse dans son pays d'origine au milieu des années 1950, des travaux similaires, voire identiques, apparaissent déjà un peu partout dans le monde. Que ce soit en Pologne, en Grèce, en Argentine ou au Japon, le style fonctionnel d'empreinte bâloise ou zurichoise connaît dans les années 1960 une application globale et surtout thématiquement illimitée. Très logiquement, l'appellation « style suisse » devient alors « style international ».

twen
En 1959, Adolf Theobald et Stephan Wolf eurent l'idée de créer un magazine d'un genre inédit destiné à de jeunes adultes. Sans le soutien d'aucun éditeur, ils recueillirent des commandes publicitaires et réalisèrent l'impression d'un numéro un sans savoir si un deuxième suivrait. Au cours des années suivantes, *twen* devint le porte-parole de toute une génération grâce à ses sujets de société et culturels. Le graphisme de Willy Fleckhaus a joué un rôle essentiel dans cette éclatante réussite : dès le premier numéro, le jeune directeur artistique définit l'aspect visuel de la revue, avec ses couvertures noires marquantes et ses mises en pages inédites. Son graphisme sans concession fit de *twen* un précurseur du design éditorial de magazines et connut un impact international.

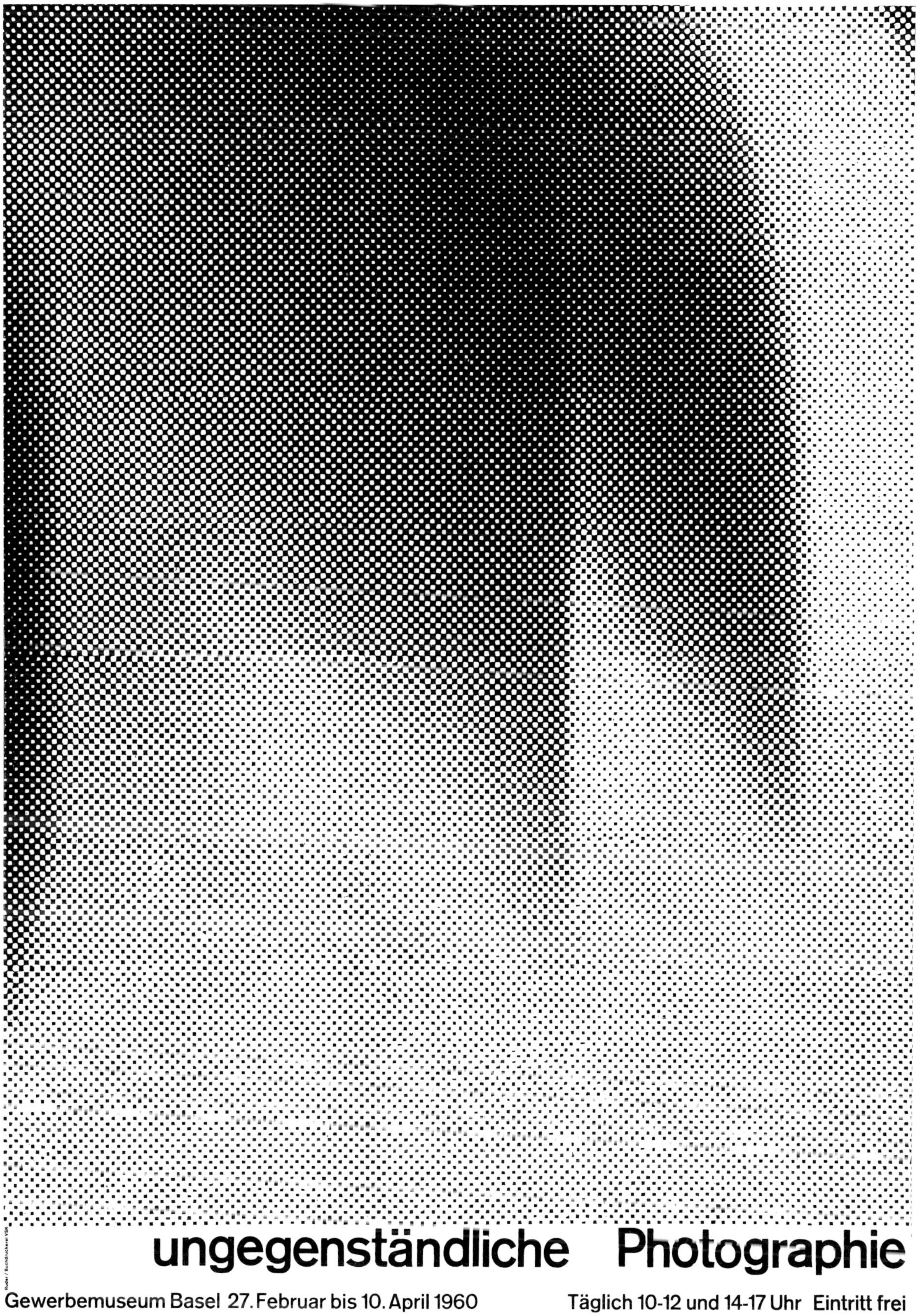
ungegenständliche Photographie
Gewerbemuseum Basel 27. Februar bis 10. April 1960
Täglich 10-12 und 14-17 Uhr Eintritt frei

1960
Franco Grignani
Alfieri & Lacroix
Italie, publicité, 21 × 29,5 cm

Otl Aicher (1922, Ulm – 1991, Guntzbourg, Allemagne) fut un graphiste et typographe allemand qui se distingua pour ses systèmes visuels structurés. Avant de suivre des études à l'Académie des beaux-arts de Munich, il fut enrôlé de force dans l'armée, mais déserta pendant la Seconde Guerre mondiale et établit son propre studio à Ulm en 1947. Les travaux les plus célèbres d'Aicher comprennent des systèmes d'identité pour la compagnie aérienne Lufthansa et les Jeux olympiques d'été de Munich en 1972. Il fut avec Max Bill un des fondateurs du Collège de design d'Ulm (1953–1968), qui devint une institution de premier plan dans ce domaine.

Milton Glaser (1929–2020, New York) fut un des grands designers américains de l'époque moderne. Diplômé de la Cooper Union, Glaser étudia ensuite à l'Académie des beaux-arts de Bologne avant de rentrer à New York, où il cofonda le révolutionnaire Push Pin Studios en 1954. En 1977, il dessina le logo « I Love New York », qui est devenu une des marques les plus reconnaissables de l'histoire, et qui rapporte chaque année 30 millions de dollars à l'État. Glaser enseigna et exposa dans de multiples lieux et il conçut plus de 300 affiches au fil de sa carrière. En 2009, il reçut la National Medal of Arts des mains de Barack Obama.

1963
Otl Aicher
Lufthansa
Allemagne, design d'entreprise

1967
Milton Glaser
Dylan
États-Unis, affiche, 56 × 83 cm

1966
Reid Miles, Francis Wolff (photo)
Lee Morgan: The Rumproller
États-Unis, pochette de disque, 30,5 × 30,5 cm

1968
Lance Wyman
Mexico 1968
Mexique, couverture de brochure, 22 × 22 cm

1968
Atelier populaire
Mai 68 début d'une lutte prolongée
France, affiche, 51 × 78 cm

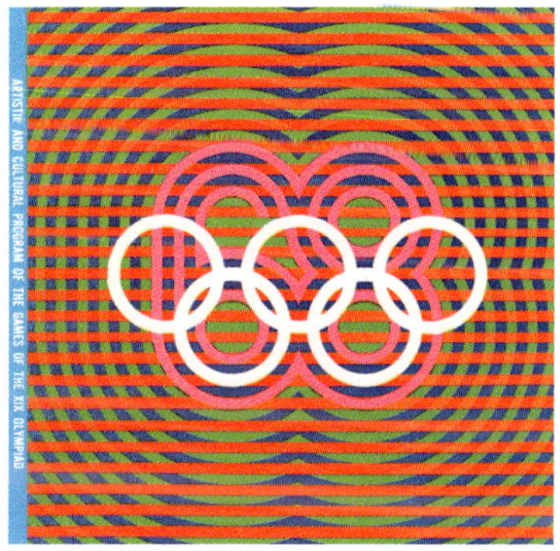

La distorsion typographique
Bien des tendances du graphisme ne permettent pas de déterminer à coup sûr qui fut la première personne à en avoir l'idée. Tel est le cas pour les distorsions typographiques réalisées à l'aide de moyens photographiques. Elles apparaissent pour la première fois au début des années 1960, notamment en couverture de la revue italienne *domus*, ou encore dans le générique du deuxième James Bond *Bons baisers de Russie*. Au cours des dix années suivantes, des graphistes du monde entier ont employé des techniques pour obtenir des motifs visuels accrocheurs, et encore aujourd'hui, cette idée réapparaît régulièrement sous diverses formes.

Les affiches étudiantes de mai 68
Dans le cadre des bouleversements socio-politiques qui se produisent un peu partout dans le monde en 1968, nombre de graphistes et d'artistes saisissent l'occasion pour mettre leur talent au service des messages d'exaspération liés à une répression croissante. En France, un groupe d'artistes de la vénérable École nationale supérieure des beaux-arts de Paris participe au mouvement en occupant l'école le 16 mai et en proclamant l'Atelier populaire des beaux-arts. Avec une iconographie des plus simples, ils font écho aux grèves de mai 1968 en produisant plus de 200 affiches distinctes tirées à des centaines et parfois des milliers d'exemplaires à l'aide d'un procédé sérigraphique monochrome. Par ses appels à la résistance anticolonialiste, pro-immigration et sa défense des droits des travailleurs, l'Atelier populaire devient un acteur important de la conscience visuelle collective du mouvement étudiant. Reconnu pour son importance historique, le travail du groupe sera exposé plus tard dans plusieurs pays.

Paul Rand (1914, New York – 1996, Norwalk, Connecticut) fut un graphiste américain qui reprit à son compte les lignes directrices du modernisme et se rendit célèbre par ses nombreuses images de marque, parmi lesquelles IBM, UPS, Westinghouse et ABC. Après une formation à l'Institut Pratt, et devenu professeur à l'université Yale, Rand fut d'abord influencé par les pionniers européens du graphisme des années 1920 et 1930. Dès le début de sa vingtaine, Rand était déjà chef de file dans le domaine et le directeur artistique de plusieurs publications. En 1947, il publia *Thoughts on Design*, référence fondamentale en matière de communication visuelle.

Wim Crouwel (1928, Groningen, Pays-Bas – 2019, Amsterdam) fut un graphiste et typographe néerlandais. Après ses études d'art à Groningen et de typographie à Amsterdam, Crouwel fut un des fondateurs du studio Total Design en 1963. Il fut l'auteur de diverses polices de caractères connues, comme New Alphabet (1967), inspirée des premiers graphiques informatiques et employée sur des timbres et des pochettes d'albums. Au travers de Total Design, Crouwel créa de nombreuses images de marque, souvent à l'aide de systèmes de grilles et de logotypes géométriques. Il enseigna aussi aux universités de Rotterdam et de Delft, ainsi qu'à l'école qui a précédé l'Académie Gerrit Rietveld à Amsterdam.

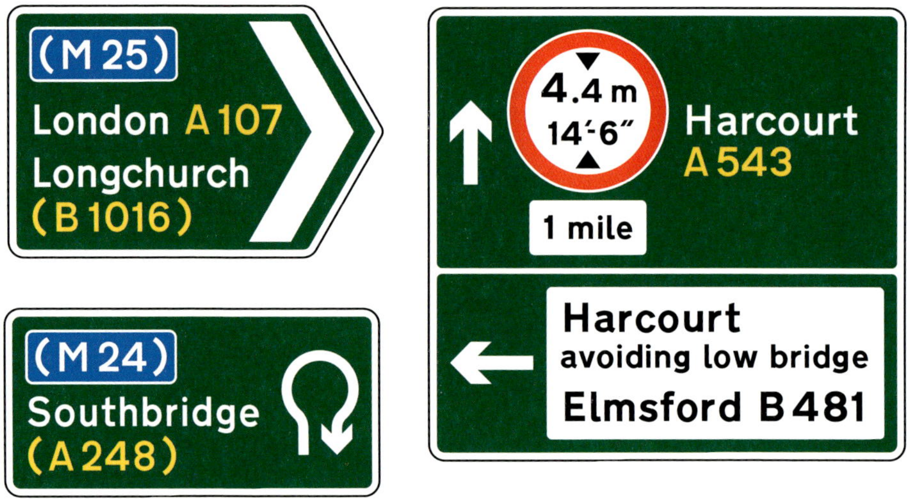

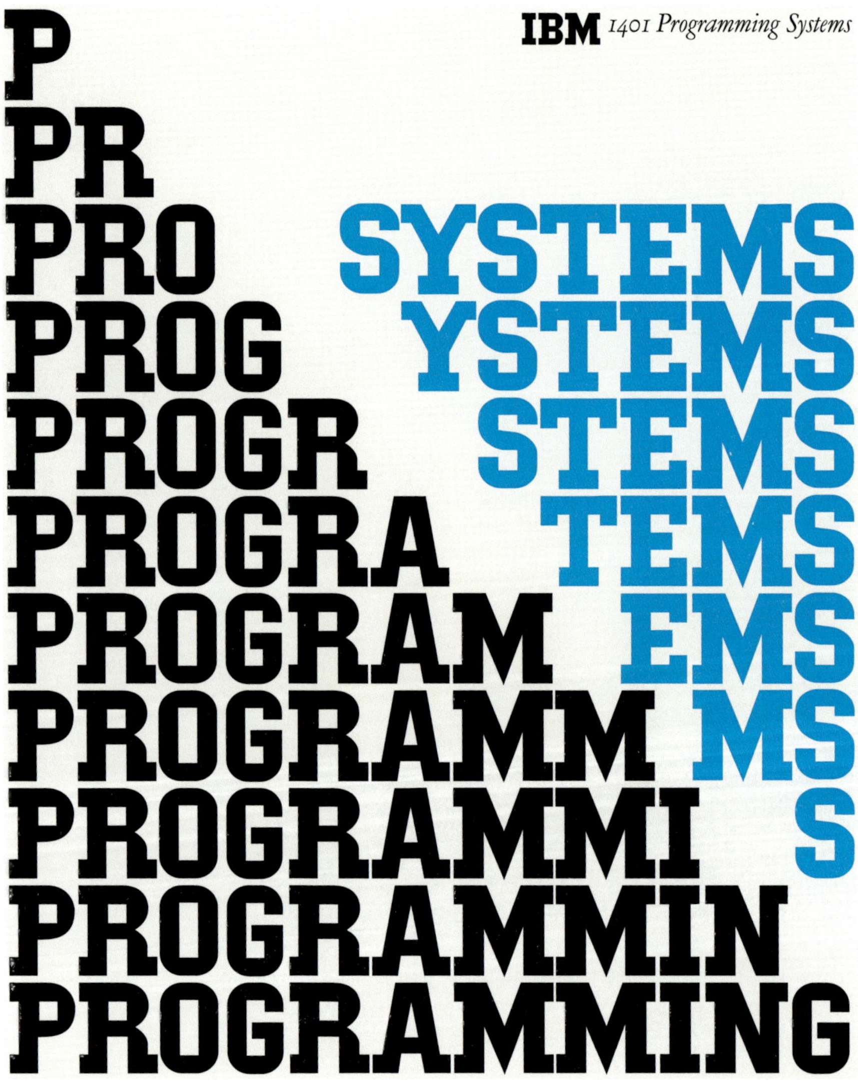

1964
Jock Kinneir, Margaret Calvert
British Traffic Signs
Grande-Bretagne, identité, signalisation

1959
Paul Rand
IBM 1401 Programming Systems
États-Unis, couverture de brochure, 20 × 24,5 cm

Massimo Vignelli (1931, Milan – 2014, New York) fut un graphiste italo-américain dont la pratique multidisciplinaire s'étendit à presque tous les domaines du design. En 1966, après des études à Milan et à Venise, Vignelli s'installa aux États-Unis, où il travailla pour Unimark International, qui devint rapidement la plus grande firme de design de son époque. Adoptant pleinement le modernisme et visant constamment à simplifier la communication visuelle, il fonda Vignelli Associates avec sa femme Lella en 1971. L'héritage de Vignelli compte des identités pour le métro de New York, American Airlines, Knoll et Bloomingdale's.

1967
Vignelli Associates
Knoll International
États-Unis, affiche, 82 × 122 cm

1971
Wim Crouwel
Luchtkunst
Pays-Bas, affiche, 64 × 96 cm

1964
Hans Hillmann
Kieler Woche
Allemagne, affiche, 84 × 119 cm

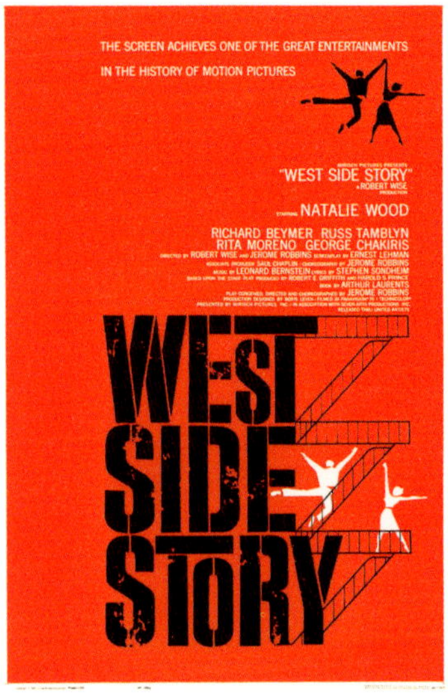

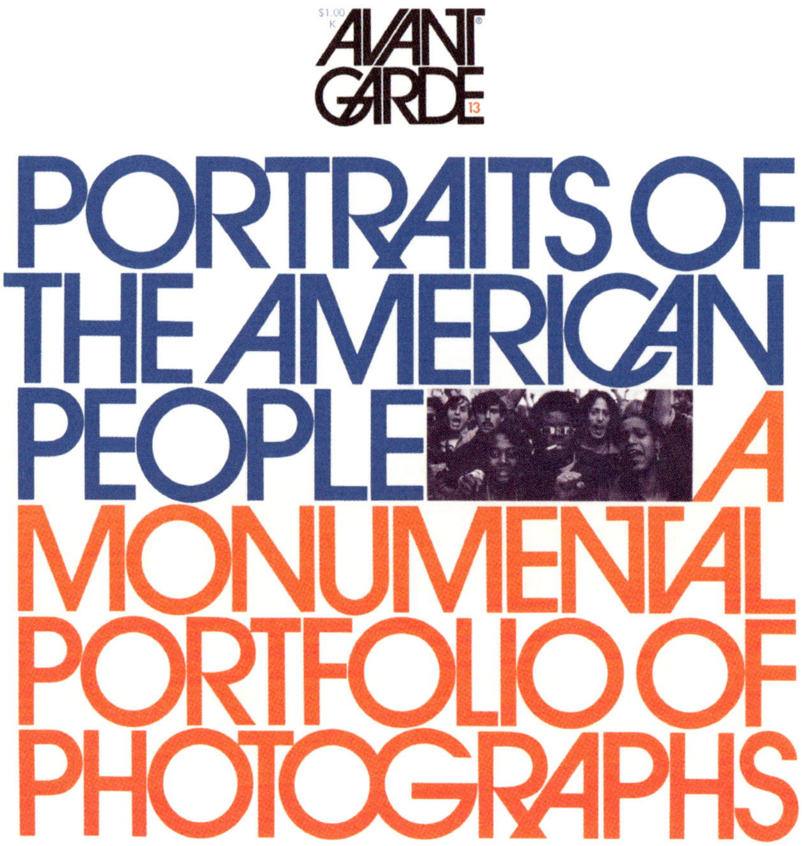

1963
Benno Wissing
franse landschappen van cézanne tot heden
Pays-Bas, affiche, 49,5 × 75 cm

1963
Robert Brownjohn
Goldfinger
Grande-Bretagne, affiche, 76 × 101 cm

1961
Joseph Caroff
West Side Story
États-Unis, affiche, 68,5 × 104 cm

1971
Herb Lubalin
Avant Garde
États-Unis, couverture de magazine, 27,5 × 27,5 cm

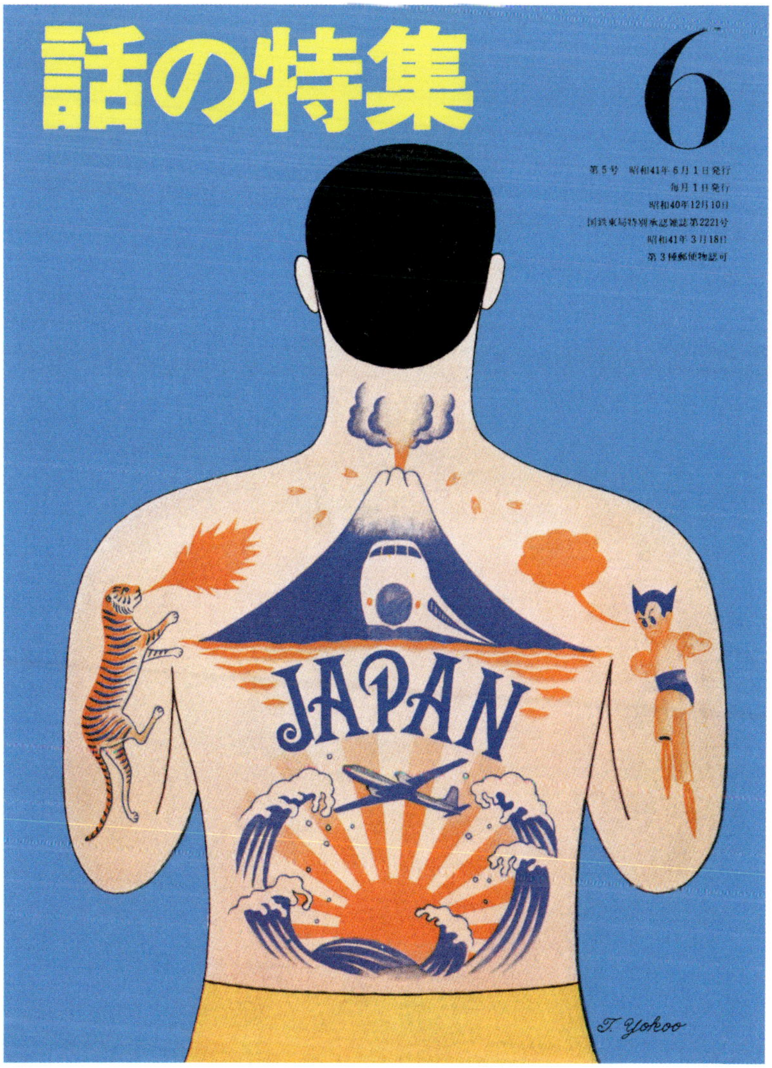

Herb Lubalin (1918–1981, New York) fut un grand graphiste qui modela des identités éditoriales et d'entreprise pendant des décennies par son utilisation particulière de la typographie. Lubalin conçut la police de caractères Avant Garde, qui fut rapidement adoptée par des designers du monde entier. Après des études à la Cooper Union, il travailla deux décennies pour la firme de communication Sudler & Hennessey avant d'ouvrir son propre studio en 1964. En 1970, Lubalin fut cofondateur de l'International Typeface Corporation (ITC). Il copublia avec Ralph Ginzburg des magazines culturels aussi révolutionnaires qu'*Eros, Fact* et *Avant Garde*.

Tadanori Yokoo (1936, Nishiwaki, Japon) est un artiste visuel japonais dont le style très caractéristique est devenu un emblème éminent de la culture visuelle japonaise contemporaine. Yokoo a débuté comme décorateur de théâtre à Tokyo avant de devenir membre du Japan Advertising Artists Club à l'âge de 20 ans et de développer ses influences à partir du cinéma et de l'illustration. Après avoir atteint une renommée internationale, en particulier pour ses affiches, il a beaucoup exposé, notamment au MoMA de New York. En 1981, Yokoo a abandonné les projets commerciaux pour se consacrer exclusivement à la peinture en tant qu'artiste indépendant.

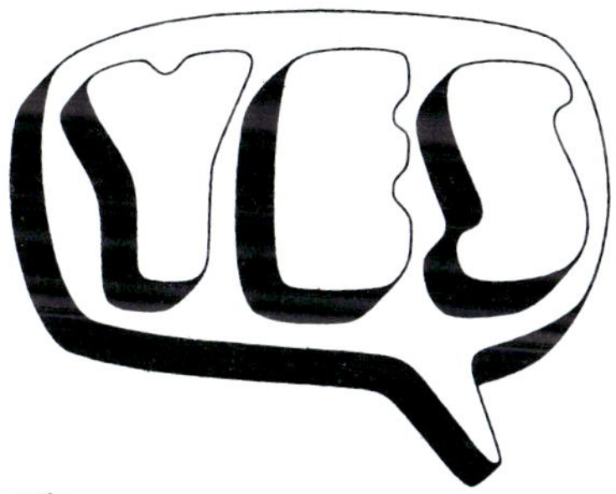

1967
Tadanori Yokoo
Featured Stories
Japon, couverture de magazine, 14,5 × 21 cm

1965
Bruno Munari
Campari
Italie, affiche, 196 × 277,5 cm

1968
Crosby Fletcher Forbes
Yes
Grande-Bretagne, logo

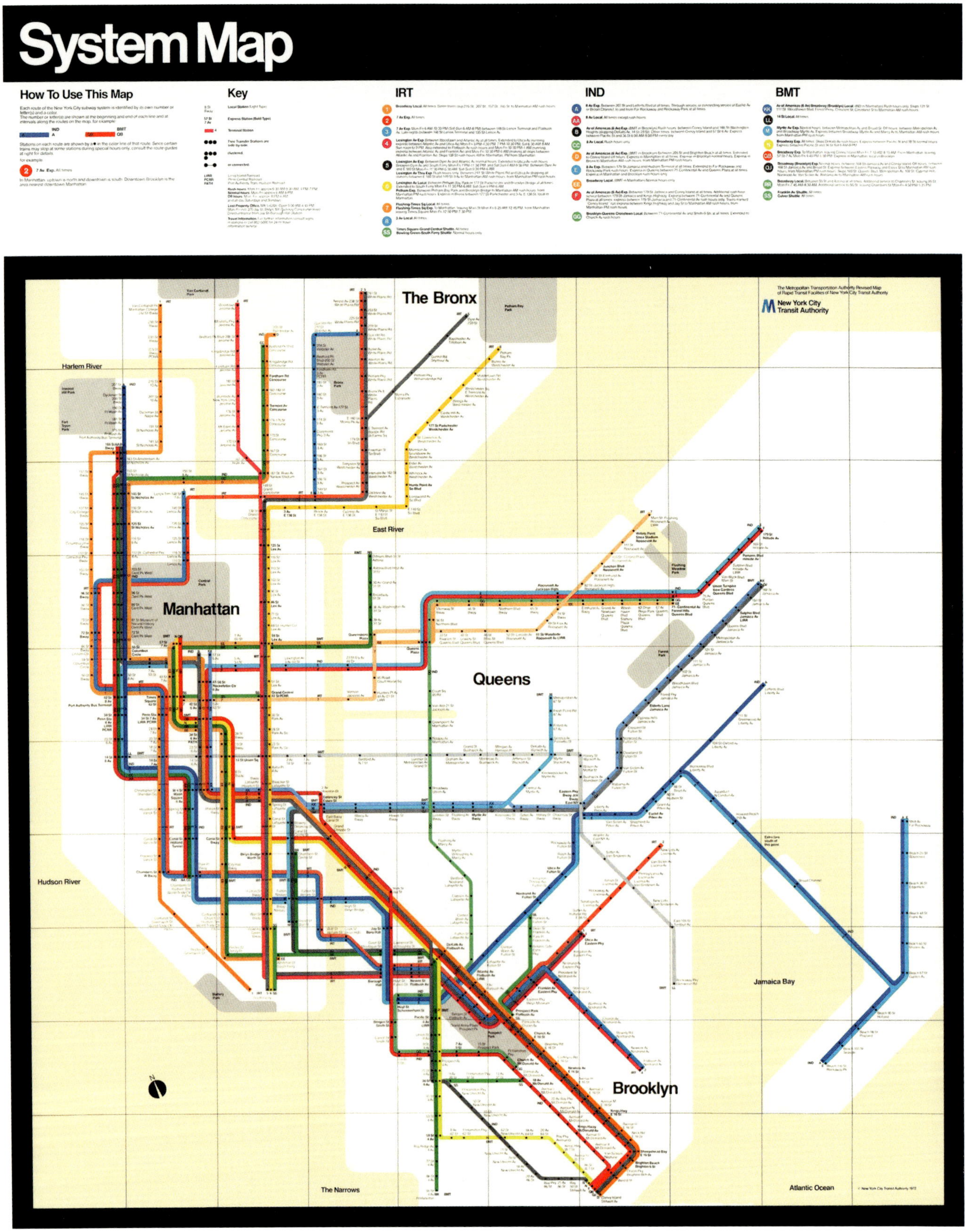
System Map
How To Use This Map
Each route of the New York City subway system is identified by its own number or letter(s) and a color.
The number or letter(s) are shown at the beginning and end of each line and at intervals along the routes on the map, for example:
IND
A
BMT
QB
Stations on each route are shown by a ● in the color line of that route. Since certain trains may stop at some stations during special hours only, consult the route guides at right for details.
for example
7 Av. Exp. All times
In Manhattan, uptown is north and downtown is south. Downtown Brooklyn is the area nearest downtown Manhattan.
Key
Local Station (Light Type)
Express Station (Bold Type)
Terminal Station
Free Transfer Stations are side-by-side
clustered
or connected
LIRR
PCRR
PATH
IRT
7 Av Exp. All times
8 Av Local. All times except rush hours
3 Av Local. All times
IND
BMT
The Bronx
Manhattan
Queens
Brooklyn
Harlem River
East River
Hudson River
Jamaica Bay
The Narrows
Atlantic Ocean
Central Park
New York City Transit Authority

1970–1979

Les années 1970 développent les acquis de la décennie précédente, quand se sont imposés le modernisme et le style international, et leur donnent largement droit de cité. C'est l'époque des images de marque fortes, aussi bien que d'un graphisme expérimental florissant dans la sphère culturelle. D'une certaine manière, ce nouvel accent fait prendre au graphisme commercial et culturel des directions différentes. Avec la professionnalisation des grandes entreprises en matière d'arts visuels, les excellentes créations de designers individuels se font rares, surtout dans le domaine de la publicité de consommation. Dès lors, les progrès en termes d'images et de langages visuels s'apprécient principalement dans les domaines du théâtre, de la musique ou du cinéma, où les commanditaires se permettent des photomontages expérimentaux et des illustrations expressives souvent sans grandes restrictions. Ainsi, le mouvement punk donne naissance à une forme d'expression visuelle d'apparence improvisée, imprévisible et hargneuse, créant une figure stylistique caractéristique que les créateurs actuels emploient encore.

1970–1972
Massimo Vignelli, Joan Charysyn, Unimark International
New York Subway Map
États-Unis, affiche, 116 × 149,5 cm

1972
Otl Aicher
Olympische Spiele München 1972
Allemagne, affiche, 84 × 119 cm

Les Jeux olympiques de Munich en 1972

Lorsque Munich fut retenue pour organiser les Jeux olympiques d'été de 1972, les organisateurs voulurent se démarquer totalement du programme des Jeux de 1936, qui avaient été politiquement détournés par les nazis. En 1967, le pacifiste et déserteur de la Wehrmacht Otl Aicher fut chargé de concevoir l'identité visuelle de l'événement. Il constitua une équipe et commença par élaborer une image systématique comme base de travail pour tous les imprimés, articles de *merchandising* et uniformes des jeux. Malgré la simplicité de la conception visuelle, il en résulta globalement une image extrêmement vivante et chaleureuse dont la cohérence établit de nouveaux standards.

Le métro de New York

Depuis que Harry Beck et Bob Noorda ont développé leurs plans respectifs des métros de Londres et de Milan, nombre de systèmes de transports ont adopté leur approche visuelle schématique. En 1970, Unimark International fut chargée par la Metropolitan Transportation Authority (MTA) d'améliorer le plan de métro de la ville de New York en usage depuis 1904. Le projet dirigé par Massimo Vignelli et Bob Noorda reçut l'approbation de la MTA la même année, bien que Vignelli et quitté Unimark en 1971 pour ouvrir son propre studio. La nouvelle signalétique lancée le 4 août 1972 est considérée comme un des chefs-d'œuvre de Vignelli. Le projet est encore acclamé aujourd'hui comme une véritable création artistique et un des meilleurs exemples d'utilisation intensive de la police de caractères Helvetica. Plus tard, le graphisme a subi toute une série de modifications.

1978
Springtime for Science
Chine, affiche, 53 × 76 cm

1973
Morteza Momayez
Panorama of African Cinema
Iran, affiche, 57,5 × 88,5 cm

1979
Wiktor Górka
CYRK
Pologne, affiche, 66 × 97 cm

Les affiches de propagande en Chine
Dès la première partie du XXe siècle, les Chinois établirent une solide tradition de design d'affiches autour de thèmes aussi populaires que la confiance en l'avenir et l'oppression de l'oligarchie. Dans le sillage de la révolution communiste de 1949, la propagande devint l'arme la plus puissante dans l'arsenal du nouveau gouvernement de la République populaire de Chine. Sous la conduite de Mao Zedong, guide suprême du pays jusqu'en 1976, les communistes considérèrent l'affiche comme le support parfait pour diffuser le message du parti, et, pendant les deux décennies suivantes, plus de 1 000 artistes en produisirent des exemples par milliers. Créées dans une pléthore de styles hauts en couleur, les affiches suivirent à la lettre une idéologie tournant souvent autour de motifs récurrents, avec notamment des images du propre Mao, d'autres héros et martyrs célèbres, de femmes fortes, de travailleurs, de l'Armée populaire de libération et de la révolution culturelle.

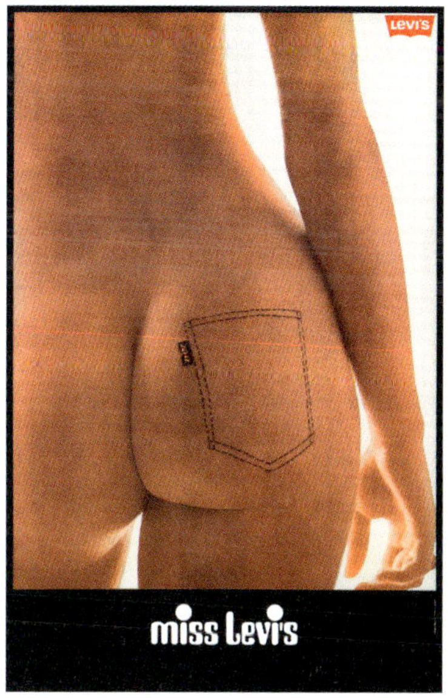

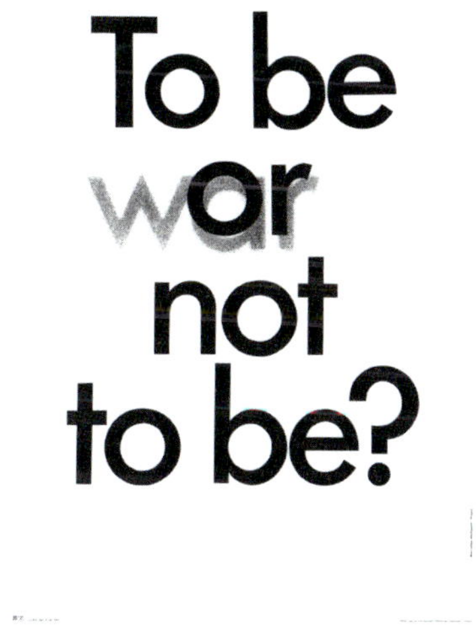

1972
David Pelham
Anthony Burgess: A Clockwork Orange
Grande-Bretagne, couverture de livre, 11 × 18 cm

1971
Ida van Bladel
Miss Levis
Belgique, affiche, 71 × 102 cm

1974
Mieczysław Wasilewski
To be war not to be?
Pologne, affiche, 66,5 × 97,5 cm

Bea Feitler (1938–1982, Rio de Janeiro) fut une directrice artistique brésilienne visionnaire qui repoussa fortement les limites du graphisme éditorial. Feitler suivit des études à la Parsons School of Design, où son utilisation de la photographie et son approche expérimentale lui permirent de se faire un nom sur la scène du design new-yorkais. S'ensuivirent des commandes pour des livres, des pochettes d'albums et des marques de mode. Son travail de grande envergure pour des magazines, particulièrement pour *Harper's Bazaar* et *Rolling Stone,* assura sa réputation. En 1982, Feitler redessina le nouveau *Vanity Fair,* mais succomba à un cancer avant sa publication, à l'âge de seulement 44 ans.

Pentagram (1972, Londres) est un studio de design polyvalent fondé par Alan Fletcher (1931, Nairobi – 2006, Londres), Theo Crosby (1925, Mahikeng, Afrique du Sud – 1994, Londres), Colin Forbes (1928, Londres – 2022, Westfield), Mervyn Kurlansky (1936, Johannesbourg) et Kenneth Grange (1929, Londres – 2024). Ensemble, ils élaborèrent un type de partenariat et de travail interdisciplinaire entièrement inédit. Depuis, la firme a su préserver son indépendance avec plus de 40 associés tout au long de son histoire. L'énorme production de Pentagram compte des centaines d'identités, campagnes et expositions pour une foule de marques les plus célèbres au monde, ainsi que d'innombrables livres, magazines et emballages, tous fruits des relations à long terme avec leurs clients.

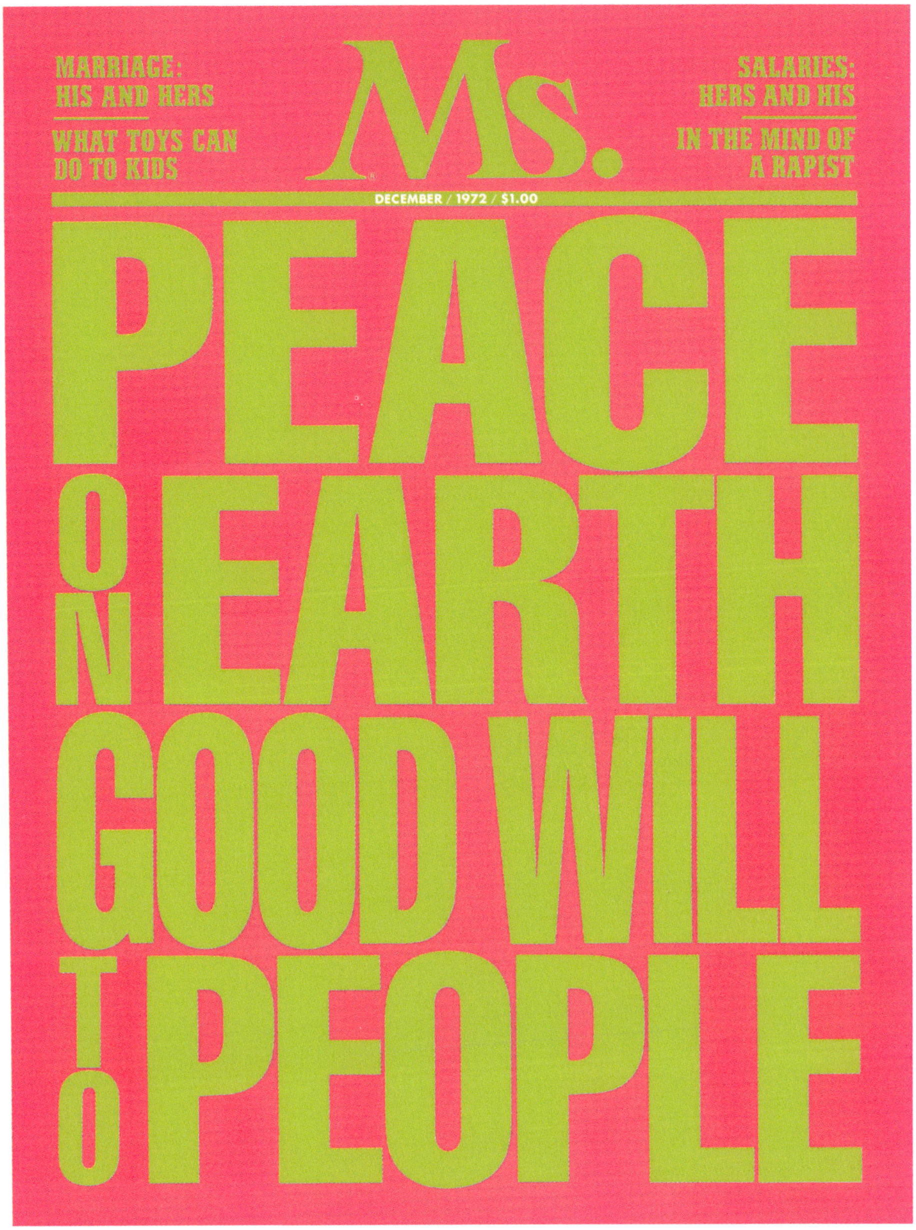

Shigeo Fukuda (1932–2009, Tokyo) fut un important designer et artiste visuel japonais qui se distingua par son utilisation des illusions d'optique. Appliquant la plus grande simplicité dans ses affiches, Fukuda attirait l'attention du public par des messages puissants doublés d'une grande intelligence graphique. Issu d'une famille de fabricants de jouets, il étudia les beaux-arts à Tokyo et obtint son diplôme en 1956. En 1987, il fut le premier designer japonais accueilli au sein du New York Art Directors Club Hall of Fame. Avec un travail commercial limité, Fukuda excella dans le design pour des institutions sociales et culturelles, notamment pour Amnesty International. Il illustra aussi une colonne du journal *Asahi Shimbun* intitulée « Ryu Mita Ka ? » (Avez-vous vu le dragon ?).

Félix Beltrán (1938, La Havane – 2022, Mexique) fut un artiste visuel cubain qui a étudié à New York, Paris et Madrid avant de devenir un des plus importants affichistes d'Amérique latine. Après des débuts dans la publicité chez McCann Erickson dans les années 1953–1956, Beltrán a produit de nombreuses affiches pour des événements culturels organisés à Cuba, où il a aussi enseigné à l'Instituto Superior de Arte de 1976 à 1982. Au milieu des années 1980, il s'est installé à Mexico et est devenu conservateur de l'Archivo Gráfico Internacional, une archive visuelle historique de l'université autonome métropolitaine.

1972
Bea Feitler
Ms. Magazine
États-Unis, couverture de magazine, 21 × 25,5 cm

1973
Alan Fletcher, Pentagram
How To Play the Environment Game
Grande-Bretagne, affiche, 51 × 76 cm

1972
Colin Forbes, Pentagram
Pentagram
Grande-Bretagne, publicité

1974
Shigeo Fukuda
Kagome Tomato Ketchup
Japon, publicité

1971
Félix Beltrán
Libertad para Angela Davis
Cuba, affiche, 33,5 × 54 cm

1980–1989

1985
Neville Brody, Jamie Morgan (photo)
The Face
Grande-Bretagne, couverture de magazine, 23 × 30 cm

1985
Carol Thompson, Eamonn McCabe, Terry Jones
i-D
États-Unis, couverture de magazine, 21 × 30 cm

La nouvelle génération de jeunes graphistes qui émerge dans les années 1980 juge désuète l'évolution moderniste des décennies d'après-guerre. À la recherche de nouvelles approches, ils se rebellent de différentes manières contre la maxime d'un graphisme sobre et épuré. Dans ce contexte, des innovations technologiques comme le développement de la PAO arrivent à point nommé. Avec son Macintosh, Apple met sur le marché en 1984 le premier ordinateur à interface graphique. Un an plus tard, PageMaker devient le premier logiciel permettant de composer des magazines ou des livres complets sous forme numérique. Des programmes de traitement graphique et de retouche photo suivent et transforment l'ensemble du secteur créatif en un temps record. Même si seuls les outils de travail semblent avoir changé, cette révolution numérique se traduit aussi dans les réalisations, qui dénotent souvent le plaisir de l'expérimentation offert par les nouvelles technologies.

MTV

Même si la chaîne musicale MTV a perdu de l'aura qui était la sienne à son apogée dans les années 1980, son logo est resté une icône de la culture populaire. L'introduction quelques années après les débuts de la chaîne de logos animés apparaissant entre chaque vidéoclip y a largement contribué. Ces séquences souvent limitées à quelques secondes déjouaient la règle « On ne joue pas avec le logo » formulée dans les années 1960. De nombreux artistes, réalisateurs et graphistes créèrent alors les choses les plus folles et absurdes à partir du logo MTV, donnant ainsi lieu à une identité des plus dynamiques qui frappa les esprits précisément par son anticonformisme.

Les icônes

Le lancement du système Mac OS a marqué le début d'une révolution dans le monde du design. Après la publication de quelques images dans la presse, Steve Jobs monta sur scène pour présenter le nouvel ordinateur : il le démarra pour montrer l'écran au visage souriant encore utilisé aujourd'hui, suivi de tous les symboles familiers comme la bombe, la corbeille et de traitement en cours. Ces symboles étaient l'œuvre de la graphiste américaine Susan Kare et sont les ancêtres des icônes aujourd'hui omniprésentes dans

1981
Pat Gorman, Frank Olinsky, Patti Rogoff, Manhattan Design
MTV Music Television
États-Unis, logo

1981
Tony Lane
Toto
États-Unis, pochette de disque, 30,5 × 30,5 cm

1984
Susan Kare
Apple Macintosh System Icons
États-Unis, icônes

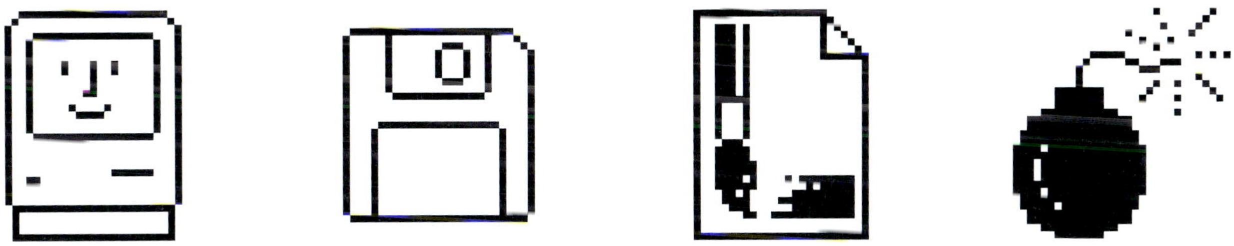

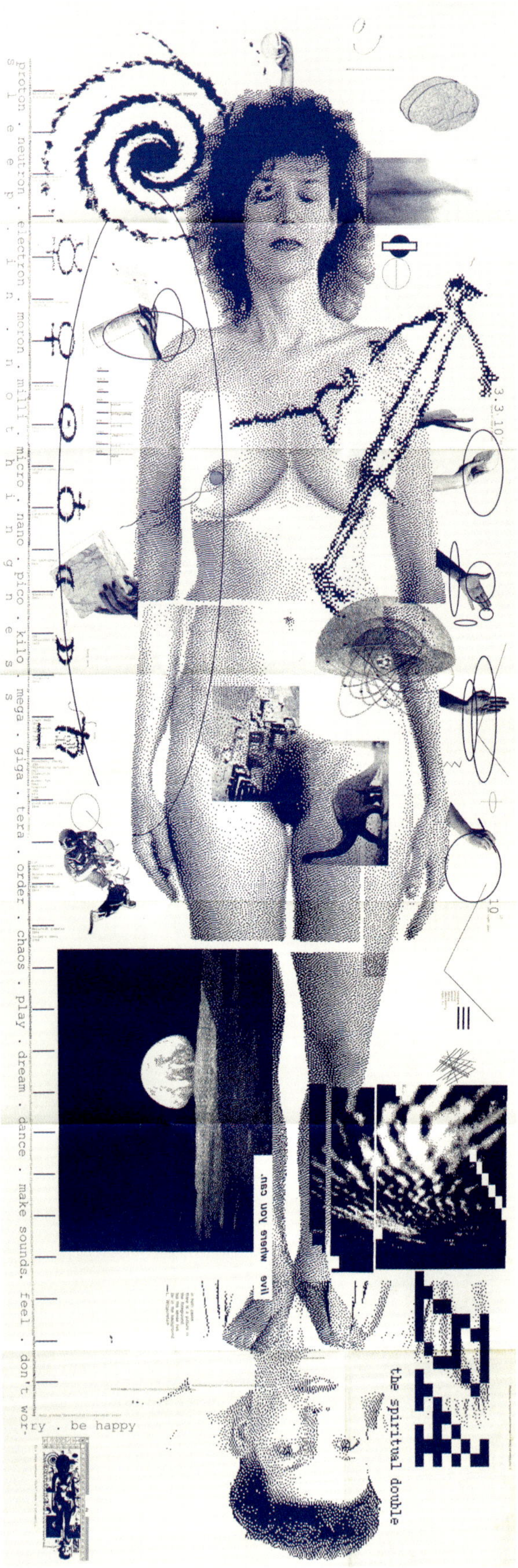
proton . neutron . electron . moron . milli . micro . nano . pico . kilo . mega . giga . tera . order . chaos . play . dream . dance . make sounds. feel . don't worry . be happy
s l e e p . i n n o t h i n g n e s s
the spiritual double

Das
Schweizer Plakat
1900–1984
24. Januar – 11. März 1984
Gewerbemuseum Basel
Museum für Gestaltung

GEMS
LEAVIN G

nos applications numériques, des ordinateurs aux smartphones en passant par les téléviseurs.

Le magazine *The Face*

The Face, fondé à Londres en 1980 par Nick Logan, traitait des nouveautés des mondes de la musique, de la mode et de la culture. Un an après le lancement du mensuel, le graphiste Neville Brody en rejoignait l'équipe. Ses mises en page inédites allaient régulièrement défier les habitudes du lecteur et ajouter un niveau supplémentaire aux contenus. Un langage conceptuel incomparable associé à une typographie spécialement conçue pour les gros titres devint l'argument de vente de *The Face*. Neville Brody fut ainsi un des premiers graphistes éditoriaux à conférer à un magazine un ADN visuel qui allait bien au-delà des aspects graphiques habituels.

Le graphisme

Alors que le graphisme des années 1960 et 1970 visait souvent à se démarquer de toute stylistique artisanale d'époques antérieures, c'est précisément cette esthétique que les designers des années 1980 réintroduisirent délibérément. Nombre des réalisations optaient pour un langage réduit en vue d'avoir un impact émotionnel. Depuis, cette combinaison à première vue contradictoire n'a cessé d'être appliquée.

PTT

Dans les années 1980, de nombreux pays européens commencèrent à privatiser des entreprises publiques. Aux Pays-Bas, la Poste fut la plus grande institution touchée par cette tendance, et une telle transformation du service public en prestataire de services devait évidemment être reflétée visuellement. C'est ainsi que Studio Dumbar fut chargé par la Poste néerlandaise de la refonte totale de son image plutôt incohérente et désuète. L'aspect central de ce travail fut l'élaboration d'un somptueux manuel de design qui ne se bornait pas à justifier chaque détail, mais qui défendait aussi la nouvelle tonalité de l'entreprise.

April Greiman (1948, New York) est une graphiste américaine résidant à Los Angeles, où elle supervise le cabinet de conseil en design Made in Space. Pionnière et ardente promotrice des technologies numériques dans le domaine du design, Greiman a joué un rôle majeur dans le développement du design New Wave aux États-Unis. Après des études au Kansas City Art Institute (Missouri), elle étudie à l'école de design de Bâle auprès d'Armin Hofmann et de Wolfgang Weingart. Parmi ses travaux les plus remarqués figurent ses affiches pour le CalArts (1977, avec Jayme Odgers) et pour les Jeux olympiques de Los Angeles en 1984. En 1982, Greiman est devenue directrice du département de design du CalArts. Deux ans plus tard, elle l'a rebaptisé de communication visuelle, étendant ainsi son influence.

Wolfgang Weingart (1941, Constance, Allemagne – 2021, Bâle, Suisse) fut un designer et typographe dont le style expressif s'est développé à partir du style suisse. Après des études à la Merz Akademie à Stuttgart, il suit une formation de typographe, puis étudie à l'école de design de Bâle auprès d'Emil Ruder et d'Armin Hofmann. Habité par un appétit insatiable pour l'expérimentation, Weingart a motivé un renouveau global de la typographie avec ses affiches et ses couvertures radicales pour la revue *Typographische Monatsblätter*, tout en enseignant à l'école de design de Bâle. Ses cours à l'université Yale et les conférences qu'il a données dans le monde entier lui ont valu une notoriété internationale.

1986
April Greiman
Does it make sense? (Design Quarterly)
États-Unis, magazine, 193,5 × 69 cm

1984
Wolfgang Weingart
Das Schweizer Poster
Suisse, affiche, 90,5 × 128 cm

1987
Gems: Leaving
États-Unis, pochette de disque, 30,5 × 30,5 cm

1988
Studio Dumbar
Handboek ptt Bedrifsstijl
Pays-Bas, manuel de design d'entreprise, 30 × 30,5 cm

Louise Fili (1951, New Jersey) est une graphiste italo-américaine dont le travail passionne depuis de nombreuses années par de splendides réalisations qui associent compétences créatives et techniques. Au terme de ses études d'art au Skidmore College en 1973, elle s'installe à New York, où elle obtient un second diplôme à la School of Visual Arts. Elle travaille ensuite au studio de Herb Lubalin, avant de devenir en 1978 la directrice artistique chez Pantheon Books. Quand elle arrête en 1989, elle a à son actif quelque 2 000 couvertures de livres. Outre la conception d'ouvrages, Fili s'est livrée au branding pour nombre de restaurants, ainsi qu'au design d'emballages de produits alimentaires haut de gamme. Elle a enseigné à la School of Visual Arts et est entrée en 2004 au Hall of Fame de l'Art Directors Club.

Odermatt & Tissi (1968, Suisse) est le partenariat créatif des designers Siegfried Odermatt (1926–2017, Zurich) et Rosmarie Tissi (1937, Thayngen, Suisse). Après des études à l'école de design de Zurich, Tissi rejoint l'autodidacte Odermatt, d'abord en qualité de stagiaire. Leur approche visuelle tout à fait unique, avec un cadrage radical des images et une utilisation très particulière de la typographie et des couleurs, a conféré au duo un statut culte. En 1992, ils présentent quelques-unes de leurs affiches à la Reinhard-Brown Gallery à New York; depuis, ils ont exposé leur travail à Tokyo, Essen et dans d'autres endroits. Ils ont également signé plusieurs livres.

1984
Deborah Sussman, The Jerde Partnership, Sussman/Prejza & Co.
Los Angeles Olympic Games 1984
États-Unis, design environnemental

1984
Louise Fili
Marguerite Duras: The Lover
États-Unis, couverture de livre, 12,5 × 21 cm

1983
Rosmarie Tissi, Odermatt+Tissi
Englersatz AG
Suisse, affiche, 90 × 128,5 cm

Express-Service zu jeder Zeit
Eilzustellung überallhin
Erfahrene langjährige Mitarbeiter
Erstklassiger Satz
Einfach echter Englersatz
e
Englersatz AG
Weinbergstrasse 145
Postfach
8042 Zürich
Telefon 01 362 88 28
Gestaltung: Odermatt & Tissi, Zürich Rosmarie Tissi

Stefan Sagmeister (1962, Bregenz, Autriche) est un designer et typographe austro-américain basé à New York, où il dirige Sagmeister & Walsh avec Jessica Walsh (1986, New York). Défiant toujours les conventions visuelles et le champ d'influence du designer, le travail de Sagmeister va de pochettes d'albums aux logiciels, sans compter la création de nouvelles esthétiques et interactions. Il a reçu des Grammy Awards récompensant ses designs d'emballages pour Talking Heads, David Byrne et Brian Eno. Après des études à Vienne et l'Institut Pratt de New York, Sagmeister a travaillé dans la publicité à Hong Kong, puis à New York avec Tibor Kalman, avant de lancer Sagmeister Inc. en 1993.

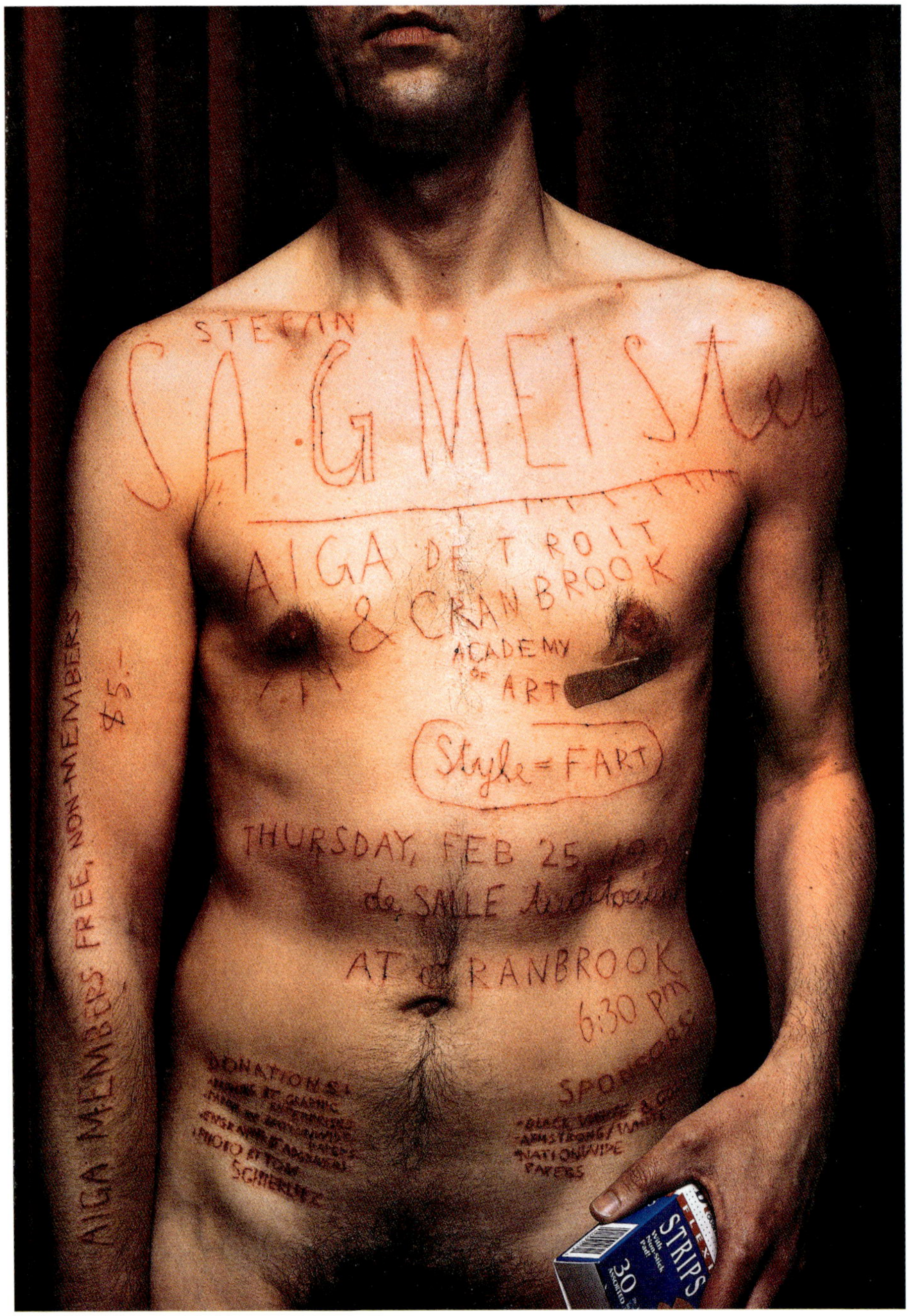

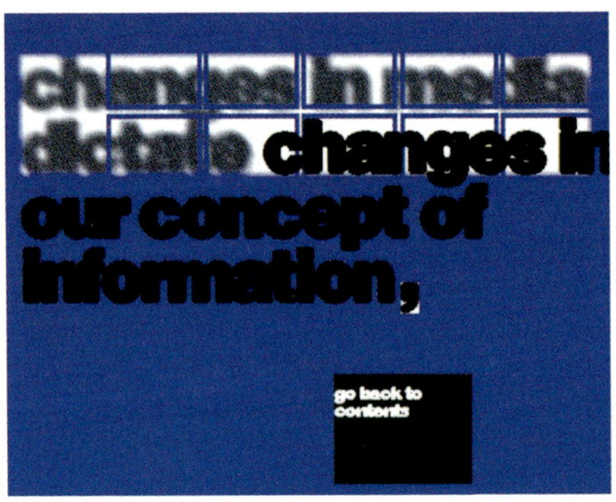

1990–1999

Au début des années 1990, les Américains April Greiman et David Carson ainsi que le Britannique Neville Brody deviennent les nouveaux héros de la scène du design. Leurs travaux réalisés sur ordinateur livrent une profusion d'idées stimulantes et d'approches inédites. Parallèlement à cette nouvelle avant-garde, les possibilités créatives offertes par le numérique entrent rapidement dans la stylistique générale de l'époque. Vers la fin de la décennie, l'indéniable succès global d'Internet et la percée massive de l'ordinateur personnel sur le marché accélèrent encore davantage cette évolution. La conception *via* des médias numériques devient un tout nouveau champ d'application du graphisme, et grâce à des solutions logicielles simples, les ordinateurs permettent désormais aux utilisateurs de réaliser de zéro leurs propres projets. C'est pourquoi, aujourd'hui encore, les professionnels du graphisme sont conscients que le savoir-faire des amateurs et personnes s'y dédiant à temps partiel peur parfaitement le faire de l'ombre.

Emigre

En 1984, les graphistes Rudy VanderLans et Zuzana Licko fondaient le trimestriel *Emigre* consacré à divers aspects de la communication visuelle. Son lancement coïncida avec la naissance des ordinateurs Macintosh et il fut parmi les premiers à adopter la nouvelle technologie pour réaliser des mises en page entièrement numériques et créer des polices de caractères qui ont valu au duo à la fois un accueil enthousiaste dans le monde et un déluge de critiques. L'emploi de ces polices dans la revue *Emigre* conduisit finalement à la création d'Emigre Fonts, une des premières fonderies indépendantes à exploiter la technologie des PC pour concevoir et distribuer des polices de caractères, devenant ainsi un modèle pour les centaines de petites fonderies qui lui ont emboîté le pas.

Colors

Oliviero Toscani, photographe et directeur artistique de la marque de mode italienne Benetton, cherchait à New York un partenaire pour lancer un magazine d'un genre nouveau traitant de questions sociales. C'est avec le graphiste progressiste Tibor Kalman qu'il devait trouver la personne idéale pour réaliser ce projet apparu en 1991 sous le nom *Colors*. Financé par Benetton, qui s'était fait connaître dans les années 1980 avec une campagne publicitaire controversée, le magazine put traiter dans ses numéros monothématiques des sujets de société comme le sida, le

1999
Stefan Sagmeister
AIGA Detroit
États-Unis, affiche, 70 × 99 cm

1995
Kyle Cooper, R/GA
Seven
États-Unis, titres d'ouverture

1992
8vo
Octavo
Grande-Bretagne, CD-ROM multimédia

1991
Rudy VanderLans, Zuzana Licko
Emigre
États-Unis, couverture de magazine, 28,5 × 42,5 cm

1991
Tibor Kalman (DA), Emily Oberman, Oliveri Toscani (photo)
Colors
États-Unis/Italie, couverture de magazine, 28,5 × 31 cm

Paula Scher (1948, Washington, D.C.) est une des grandes graphistes américaines contemporaines. Après des études à la Tyler School of Art, Pennsylvanie, Scher enchaîne avec la conception publicitaire et des pochettes d'albums pour CBS et Atlantic, devenant plus tard la première femme à intégrer Pentagram, qu'elle rejoint en 1991. Ses travaux les plus remarqués comptent notamment des identités pour Citibank, le MoMA, le New York Philharmonic et le Metropolitan Opera. Scher a enseigné à la School of Visual Arts, à la Cooper Union et à l'université Yale. Elle expose depuis plus de trois décennies ses œuvres de design et d'art.

Michael Bierut (1957, Cleveland, Ohio) est un graphiste américain de premier plan qui a été vice-président du département de graphisme chez Vignelli Associates avant de s'associer à Pentagram en 1990. Bierut a été un enseignant prolifique et intervenant principal en design à la Yale School of Art. Auteur de nombreux livres sur le graphisme, ses propres œuvres ont été acquises par de grandes institutions du monde entier. Ses réalisations les plus remarquées vont de la refonte du magazine *The Atlantic* au système de signalisation dans Lower Manhattan. Bierut a aussi présidé l'AIGA et a été membre fondateur du blog *Design Observer*.

racisme ou la religion, sans devoir se plier aux conventions de la presse traditionnelle. Des articles ambitieux, des photographies extravagantes et, en bonne partie aussi, un graphisme original, feront de cette revue distribuée dans plus de 100 pays un phénomène médiatique retentissant des années 1990.

Ray Gun

Le magazine américain *Ray Gun*, dont le premier numéro parut en 1992, était consacré à la scène rock alternative. Sous la direction artistique de l'ex-surfeur professionnel et graphiste David Carson, le magazine devint le prototype d'un nouvel anticonformisme. Les possibilités offertes par le numérique permirent à Carson de rompre avec des règles graphiques strictes et devinrent la marque de fabrique de *Ray Gun*. Jusqu'à ce jour, une interview avec le chanteur Bryan Ferry est restée légendaire : Carson la trouvant inintéressante, il la fit imprimer en dingbats, la rendant ainsi illisible (même si elle était disponible en annexe). Ce genre d'extravagance conféra au magazine un statut culte et fit de Carson une des grandes voix du graphisme de son époque.

Les débuts du design Web

La partie visuelle du Web, notamment bien des aspects de l'interface utilisateur, fut d'abord compilée par une armée de curieux et de passionnés – souvent des ingénieurs qui considéraient le Web comme une opportunité pour changer notre manière de travailler, de communiquer, de vendre et d'interagir. Les premiers sites réalisés pour des entreprises qui pèsent aujourd'hui des milliards de dollars, comme Amazon et Adobe, furent construits à partir de rien, ligne de code par ligne de code, et soigneusement conçus pour traiter les données le plus rapidement possible à travers les connexions téléphoniques, seules disponibles à l'époque. Les modèles étaient inconnus, la résolution des écrans faible, mais les entreprises avaient conscience que le Web devait s'appuyer sur des graphistes pour améliorer des aspects comme les logos des entreprises en ligne ou la composition des pages Web. Après maintes tentatives et erreurs, les standards de la programmation, de l'architecture numérique et de l'utilisabilité furent conçus et remaniés grâce à un immense effort collectif.

1993
David Carson
Ray Gun
États-Unis, couverture de magazine

1994
Plunkett+Kuhr, Max Kisman (illustration)
Hotwired
États-Unis, site Web

1999
Michael Bierut, Pentagram
Light Years
États-Unis, affiche, 96,5 × 58 cm

1994
Paula Scher, Pentagram
The Diva is dismissed
États-Unis, affiche, 76,5 × 117 cm

1992
Josep M. Trias
Barcelona 1992 Olympic Games
Espagne, logo

1992
Margo Chase
Bram Stoker's Dracula
États-Unis, affiche, 69 × 104 cm

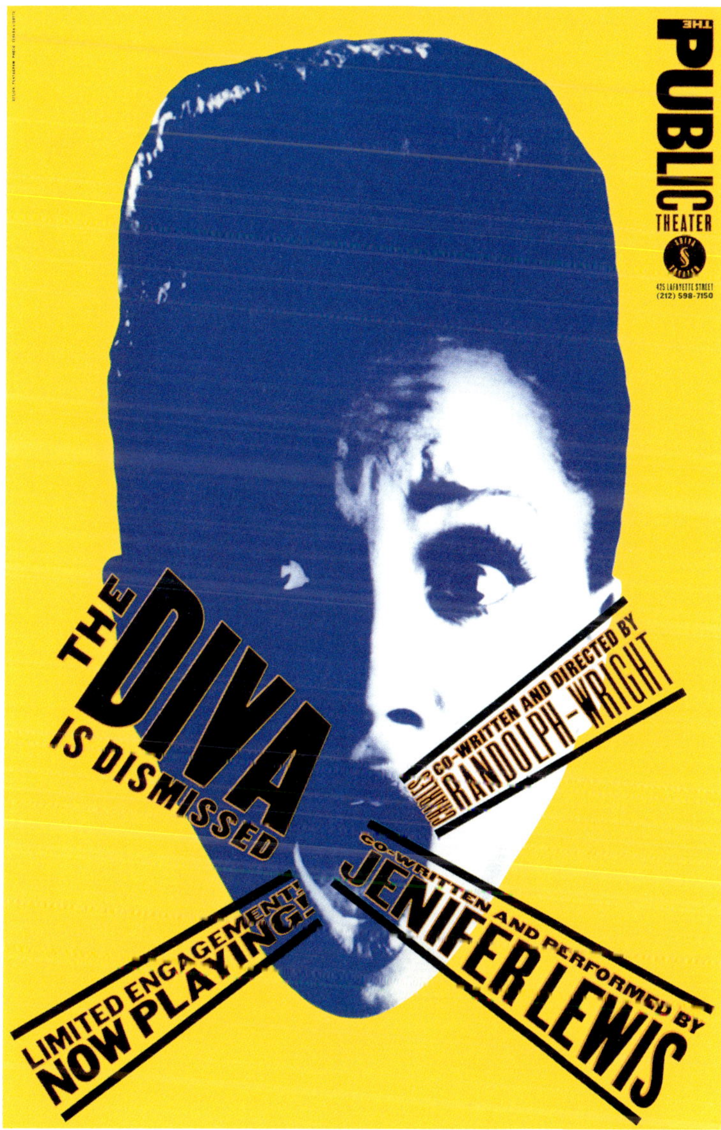

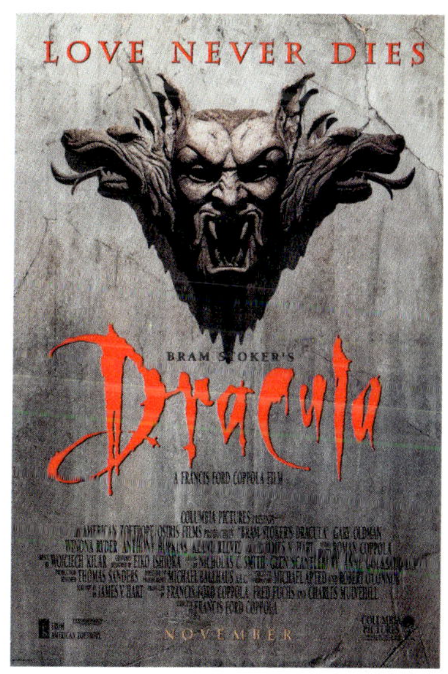

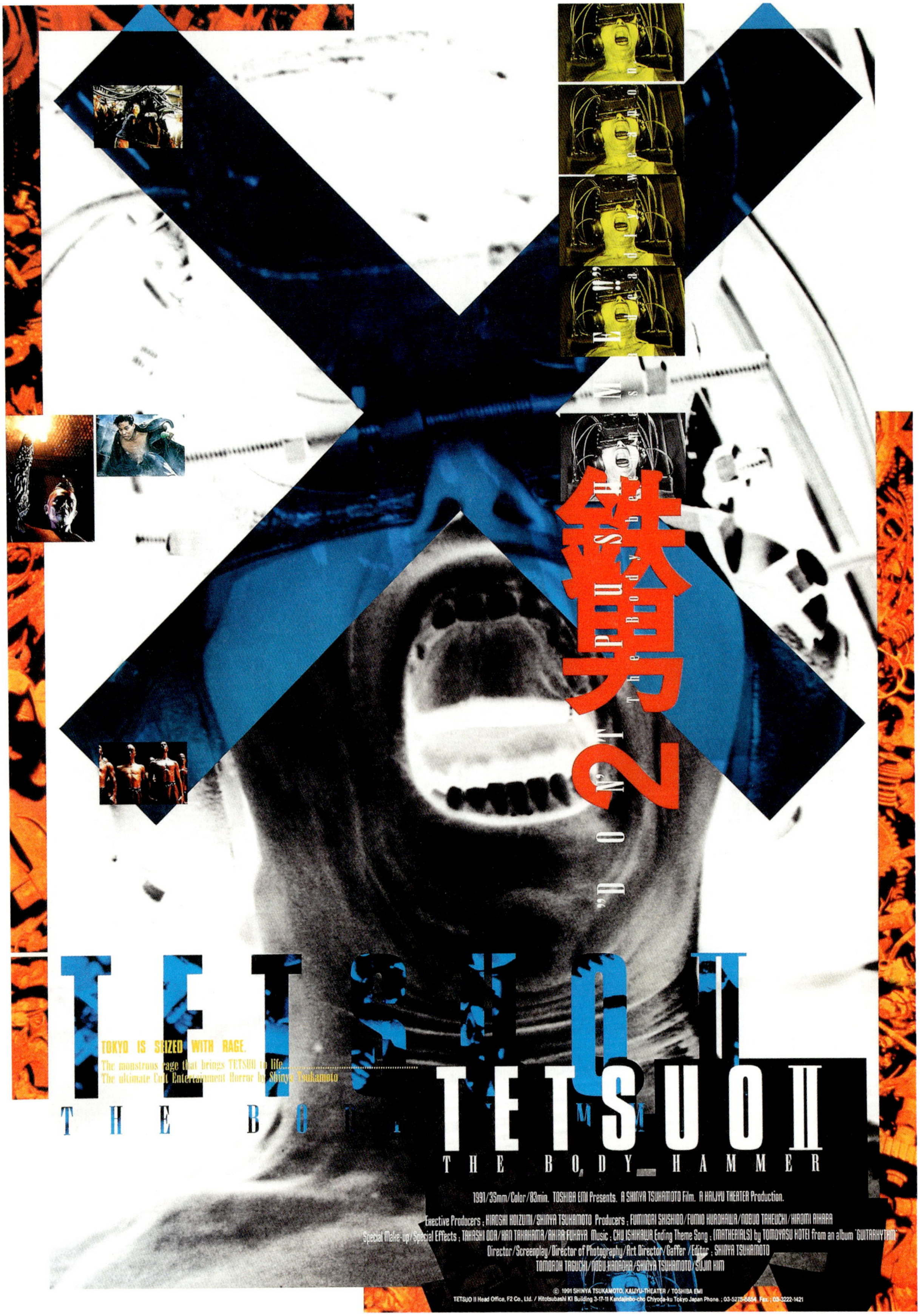

鉄男2
TOKYO IS SEIZED WITH RAGE.
The monstrous rage that brings TETSUO to life.
The ultimate Cult Entertainment Horror by Shinya Tsukamoto
TETSUO II
THE BODY HAMMER
1991/35mm/Color/83min. TOSHIBA EMI Presents. A SHINYA TSUKAMOTO Film. A KAIJYU THEATER Production.
Exective Producers ; HIROSHI KOIZUMI/SHINYA TSUKAMOTO Producers ; FUMINORI SHISHIDO/FUMIO KUROKAWA/NOBUO TAKEUCHI/HIROMI AIKAWA
Special Make-up/Special Effects ; TAKASHI ODA/KAN TAKAHAMA/AKIRA FUKAYA Music ; CHU ISHIKAWA Ending Theme Song ; (MATHERIALS) by TOMOYASU HOTEI from an album 'GUITARHYTHM'
Director/Screenplay/Director of Photography/Art Director/Gaffer /Editor ; SHINYA TSUKAMOTO
TOMOROH TAGUCHI/NOBU KANAOKA/SHINYA TSUKAMOTO/SUJIN KIM
© 1991 SHINYA TSUKAMOTO, KAIJYU-THEATER / TOSHIBA EMI
TETSUO II Head Office, F2 Co., Ltd. / Hitotsubashi KI Building 3-17-11 Kandajinbo-cho Chiyoda-ku Tokyo Japan Phone. ; 03-5275-5854 Fax. ; 03-3222-1421

1991
Tetsuo II
Japon, affiche, 70,5 × 100 cm

1991
Ralph Schraivogel
Cinema Africa
Suisse, affiche, 90,5 × 128 cm

1997
Plunkett+Kuhr
Wired
États-Unis, couverture de magazine

1997
Stefan Sagmeister
Hurry!
États-Unis, affiche, 95 × 67,5 cm

The Designers Republic™ (tDR ; 1986, Sheffield, Angleterre) fut un studio de design multimédia britannique formé par Ian Anderson (1961, Londres) et Nick Phillips (1962, Londres). Avec une approche subversive du consumérisme et de l'image de marque, le duo a produit des projets révolutionnaires pour des jeux vidéo, des festivals de cinéma, les chiens robots AIBO de Sony et Coca-Cola. Mais leur travail le plus remarquable reste peut-être les pochettes d'albums pour Warp Records, le très culte label britannique de musique électronique. tDR a fermé ses portes en 2009, Anderson relançant une version réduite de la firme. Leur travail a sa place dans les collections permanentes du MoMA et du V&A.

Chip Kidd (1964, Reading, Pennsylvanie) est un graphiste américain de premier plan spécialisé dans les couvertures de livres, et dont l'activité s'étend aussi au branding et au cinéma. En 1986, après des études à l'université d'État de Pennsylvanie, Kidd commence à concevoir des jaquettes pour la maison d'édition Knopf rachetée par Random House. Son influence a supposé un vent de fraîcheur dans le domaine de l'imprimerie grâce à ses travaux les plus acclamés, notamment pour *Jurassic Park* de Michael Crichton, *1Q84* de Haruki Murakami et le magazine *Time*. Ses propres romans *The Cheese Monkeys* et *The Learners* utilisent la typographie comme partie intégrante du récit.

1990
Chip Kidd
Jurassic Park
États-Unis, couverture de livre, 11 × 18 cm

1996
Mark Blamire, Rob O'Connor, Stylorouge, Lorenzo Agius (photo)
Trainspotting
Grande-Bretagne, affiche, 101,5 × 76 cm

1995
The Designers Republic™
Work Buy Consume Die
Grande-Bretagne, affiche, 30 × 42 cm

THE PEOPLES BUREAU
FOR CONSUMER INFORMATION

ワス・ユーラ®

WORK® BUY®® CONSUME® DIE

化粧 賀® 具 DR

PHO-KU® CORPORATION

DRLady™ DRFrogger™ and DRAngryman™ are registered trademarks of The Pho-ku Corporation™

NO47H OF NOWH343

2000–2009

Que ce soit en raison d'une saturation face à la masse d'infographies, ou en réaction au flot incessant d'images numériques, le changement de millénaire fut témoin d'un clair retour à des solutions austères et minimalistes en matière de graphisme. Des studios de design innovants d'Europe centrale eurent cette initiative et, de là, on redécouvrit le modernisme des années 1960, qui connut un revival sous une forme contemporaine. Les héros du style suisse ou du design néerlandais furent célébrés dans de grandes rétrospectives, et même l'helvetica, longtemps considérée comme une police de caractères purement utilitaire, fêta sa renaissance, notamment dans un documentaire très remarqué à l'occasion de son cinquantième anniversaire. En parallèle, les possibilités du graphisme numérique se multiplièrent et il était désormais facile d'animer un graphisme ou de produire de petits films. Internet et l'emploi croissant du haut débit favorisèrent en outre la mise en réseau de la scène internationale du design et la découverte de nouvelles tendances visuelles et évolutions technologiques.

Le graphisme environnemental

Dès les années 1970, des graphistes réalisaient les premiers travaux relevant de ce qui allait être baptisé « supergraphics », où les façades de bâtiments publics deviennent le terrain de jeu de la typographie et du graphisme abstrait. Simple accroche visuelle à l'aide de logos démesurés ou signalétiques plus ciblées, cette approche graphique connut dans les années 2000 un véritable essor et donna d'excellents résultats. Il n'est pas rare que ce type d'expression évolue aux confins de réflexions esthétiques et d'une volonté d'orientation.

2007
April Greiman
Wilshire/Vermont Metro Station
États-Unis, design environnemental

La typographie indépendante

L'histoire du graphisme a régulièrement été ponctuée de tentatives pour enfreindre ou contourner un corpus de règles typographiques marqué par une tradition séculaire. Ce fut notamment le cas au début des années 1920 avec le mouvement « La Nouvelle Typographie » et avec la folie des débuts de l'ère informatique dans les années 1990. Vers 2000, les nouvelles possibilités offertes par la manipulation d'images et les images entièrement générées à l'aide de logiciels de 3D ont proclamé une phase inédite de création typographique non conformiste. À côté de solutions entièrement numériques, de nombreux travaux faisaient délibérément appel à une esthétique analogique. Beaucoup de graphistes ont découvert la relation fascinante entre caractères et nature, comme Stefan Sagmeister, qui enthousiasma la scène du graphisme avec les installations typographiques expérimentales de son livre très remarqué *Things I Have Learned In My Life So Far*, paru en 2008.

2008
Oded Ezer
Helvetica Live
Israël, affiche, 96,5 × 70,5 cm

2007
Grandpeople
Time to Shine
Norvège, affiche

2004
2x4
Brooklyn Museum
États-Unis, design d'entreprise

Experimental Jetset (1997, Amsterdam) est un studio de graphisme néerlandais (ses associés se sont connus à l'académie Gerrit Rietveld) dont le travail porte principalement sur les travaux d'impression et les installations in situ. Avec leur approche conceptuelle visant à « transformer le langage en objets », l'équipe s'est rapidement fait connaître à l'échelle internationale. En 2007, une série de projets très remarqués a conduit à une acquisition substantielle de leurs œuvres par le MoMA de New York. Les membres du studio ont enseigné aux académies néerlandaises Gerrit Rietveld et Werkplaats Typografie.

Cyan (1992) est un studio de création berlinois fondé par l'ex-architecte devenu designer Detlef Fiedler (1955, Schönebeck, Allemagne) et Daniela Haufe (1966, Berlin), compositrice et typographe de formation et originaire d'Allemagne de l'Est. Pour leurs projets qui englobent identités visuelles, campagnes publicitaires, affiches, livres, magazines et sites Internet, le duo a constamment proposé une approche contemporaine. De 1996 à 2006, Fiedler et Haufe ont enseigné le graphisme à l'École supérieure des arts graphiques et du livre de Leipzig. Ils ont par ailleurs été co-rédacteurs du magazine de design critique *form+zweck*.

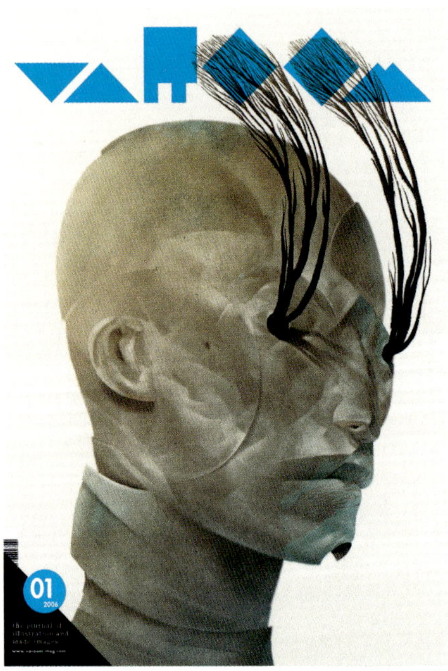

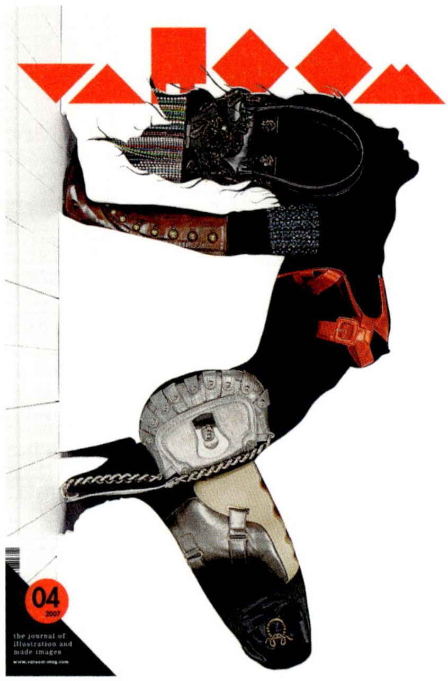

2005
Experimental Jetset
De Dood is Blind
Pays-Bas, affiche, 116 × 171 cm

2006
Non-Format
Varoom
Grande-Bretagne, couverture de magazine

2009
Cyan
Singuhr
Allemagne, affiche, 100 × 140 cm

terry fox [usa] 34 turns
großer wasserspeicher installation
22.5. bis 12.7.09
arnold dreyblatt [usa]
turntable history
kleiner wasserspeicher installation
singuhr – hœrgalerie
2009
öffnungszeiten: mitt sonn 14 20
großer wasserspeicher – eingang belforter straße
kleiner wasserspeicher – eingang diedenhofer straße
u2 senefelderplatz, m2 metzer str.
www.singuhr.de

HOPE

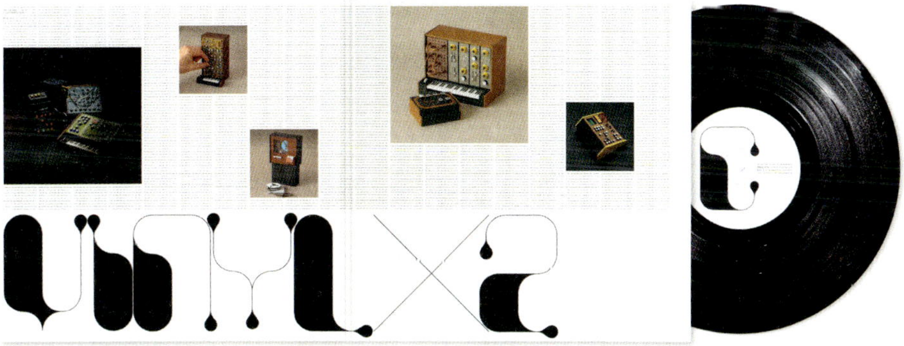

2008
« Obey » (Shepard Fairey)
Hope
États-Unis, affiche, 61 × 91 cm

2007
Non-Format
Moog Acid
Grande-Bretagne, pochette de disque, 30,5 × 30,5 cm

2003
TBWA
Apple iPod
États-Unis, affiche, 60 × 84 cm

2003
Anna Berkenbusch
Ich denke oft an den Krieg
Allemagne, affiche, 59,5 × 84 cm

2003
Reza Abedini
Réves de Sable
Iran, affiche, 90 × 121 cm

Erich Brechbühl (1977, Sempach, Suisse) est un graphiste suisse dont la carrière a débuté au cinéma à l'âge précoce de 13 ans avec Mix Pictures, une fondation culturelle expérimentale. Brechbühl a été apprenti typographe à Lucerne avant de travailler avec Niklaus Troxler à Willisau de 1998 à 2002, puis de s'installer à Berlin pour y travailler comme stagiaire chez MetaDesign. Il est retourné ensuite à Lucerne pour ouvrir sa propre agence de design, Mixer. En 2009, il est un des fondateurs du festival d'affiche Weltformat à Lucerne, puis du groupe de réflexion sur le graphisme Show & Tell en 2012.

2016
Erich Brechbühl
A few messages to space
Suisse, affiche, 90,5 × 128 cm

2009
Wolff Olins
AOL
États-Unis, design d'entreprise

2013
Paul Willoughby
Little White Lies
Grande-Bretagne, couverture de magazine, 20 × 24,5 cm

2010–aujourd'hui

Les années 2010 sont déjà considérées aujourd'hui comme l'ère des médias sociaux, avec tous les aspects positifs et négatifs qui sont liés. Jamais auparavant il n'a été aussi simple de découvrir une variété de travaux et de suivre la genèse de nouvelles tendances quasiment en temps réel. Des graphistes de haut vol travaillent ainsi à un positionnement plus marqué et à une affirmation encore plus claire de leur langage visuel. Mais la mise en réseau globale soulève parfois aussi des problèmes de taille, par exemple quand le logo d'un grand événement sportif japonais ressemble trop à celui d'un théâtre de province belge, ou quand les clients d'une maison de couture s'opposent énergiquement au remaniement de leur marque de confiance. Cela dit, ce nombrilisme du secteur ne produit pas forcément que des projets de second rang et donne souvent lieu à des approches audacieuses et novatrices. Il est passionnant de voir qu'aujourd'hui, comme toujours, les nouvelles tendances visuelles peuvent se développer d'abord en local, et que les progrès technologiques garantissent un éternel renouveau dans le graphisme.

IndieMag
Avec la montée en puissance d'Internet au tournant du millénaire, les tirages de la presse écrite ont radicalement chuté, à tel point que de nombreux experts prédisaient sa disparition. Dans les années 2010 néanmoins, les nouvelles possibilités offertes par la production de médias numériques et l'immédiateté de la vente en ligne en dehors des structures de distribution standard ont donné naissance à de nouveaux magazines en marge du courant dominant. D'intéressantes publications ont ainsi vu le jour à l'écart du grand public en recourant à des concepts graphiques sans concessions. Suite au boom de ces magazines indépendants, les grandes villes ont vu s'ouvrir un nouveau genre de boutiques entre le kiosque et la librairie, qui proposent un nombre croissant de revues singulières éditées dans le monde entier.

La marque flexible
Dès les années 1920, Lucian Bernhard élaborait un concept graphique permettant pour la première fois aux entreprises de bénéficier d'une marque flexible. C'est ainsi qu'il développa pour un grossiste plus de quarante

logos à l'image des activités globales de la société. Environ quatre-vingt-dix ans plus tard, d'autres graphistes ont eu la même idée – notamment pour le fournisseur de services Internet AOL ou la ville de Melbourne. La palette de solutions incluait des variations sur les motifs, les couleurs, les formes et les caractères, comme pour l'exposition d'art documenta en Allemagne. De son côté, Stefan Sagmeister a développé un concept particulièrement novateur pour la salle de concert Casa da Música à Porto. Un logiciel spécialement conçu pour ce projet a analysé divers motifs possibles pour le logo et généré un symbole spécifique à partir de différents éléments.

La direction artistique

Si les agences publicitaires ont dernièrement assumé des tâches relevant traditionnellement des graphistes, la tendance inverse a également été constatée. Sous le terme générique de direction artistique, nombre d'agences de graphisme se chargent à présent de la conception visuelle de campagnes. En collaboration avec des photographes et des stylistes, elles peuvent produire d'étonnantes images dans lesquelles aucun détail n'est laissé au hasard.

2014
Jessica Hische
Dave Eggers: The Circle
États-Unis, couverture de livre, 13 × 19 cm

2016
La Tigre, Atlas, Matteo Cremonini (photo)
Top-Selling Living Female Artists
Italie, infographie

2015
Sagmeister & Walsh, Jessica Walsh (DA), Sing-Sing (photo)
Aïzone
États-Unis, publicité

2012
Ariane Spanier
The Big Draw Berlin
Allemagne, affiche, 59 × 84 cm

2015
Christoph Niemann
The New Yorker
États-Unis, couverture de magazine, 20 × 27 cm

2016
Sawdust
Audi Magazine
Grande-Bretagne, couverture de magazine

2012
Francesco Franchi (DA)
Lezioni di macelleria scientifica
Italie, double-page de magazine

Anette Lenz (1964, Esslingen, Allemagne) est une graphiste allemande établie à Paris depuis 1990, qui a surtout créé des affiches et des identités innovantes pour des institutions culturelles. Après ses études à Munich, elle devient membre de Grapus, le légendaire collectif de graphisme français, puis cofonde Nous Travaillons Ensemble. En 1993, elle ouvre son propre studio à Paris et travaille depuis pour le musée des Arts décoratifs et Radio France. Ses créations d'affiches sont représentées au sein de prestigieuses collections internationales comme le MoMA de New York ou le Stedelijk Museum Amsterdam. Lenz est sollicitée pour des conférences et a enseigné notamment à la Haute École d'art et de design (HEAD) à Genève.

Edel Rodriguez (1971, La Havane) est un artiste et illustrateur cubano-américain qui s'est fait remarquer dans le domaine du graphisme par ses couvertures politiques de magazines. Il a suivi ses études de peinture à l'Institut Pratt et obtenu un master en 1998 au Hunter College à New York. À côté de son travail d'artiste indépendant, il a exercé comme illustrateur pour des maisons d'édition et des magazines. Pendant la campagne présidentielle de 2016, le *Time* magazine l'a chargé d'un projet d'illustration du candidat à la présidence Trump. La très remarquée couverture « Meltdown » a attiré l'attention internationale sur Rodriguez et lui a valu de nombreuses autres commandes sur le même thème.

2014
Eduardo Aires, White Studio
Porto
Portugal, design d'entreprise

2013
Anette Lenz
Pharenheit Festival de danse
France, affiche, 118 × 175 cm

2018
Edel Rodriguez
Year One.
États-Unis, couverture de magazine, 20 × 26,5 cm

2014
Elastic
True Detective
États-Unis, titres d'ouverture

2015
Karlssonwilker
Reykjavik Art Museum
Islande, design d'entreprise

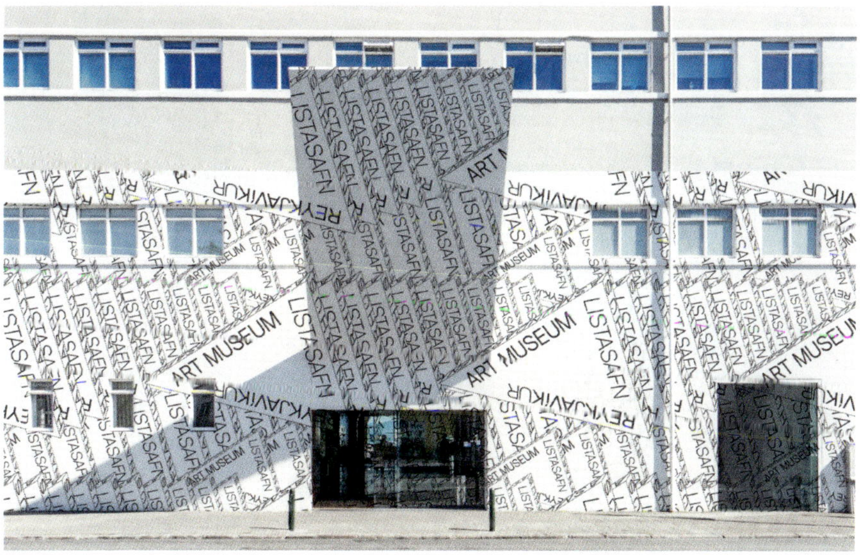

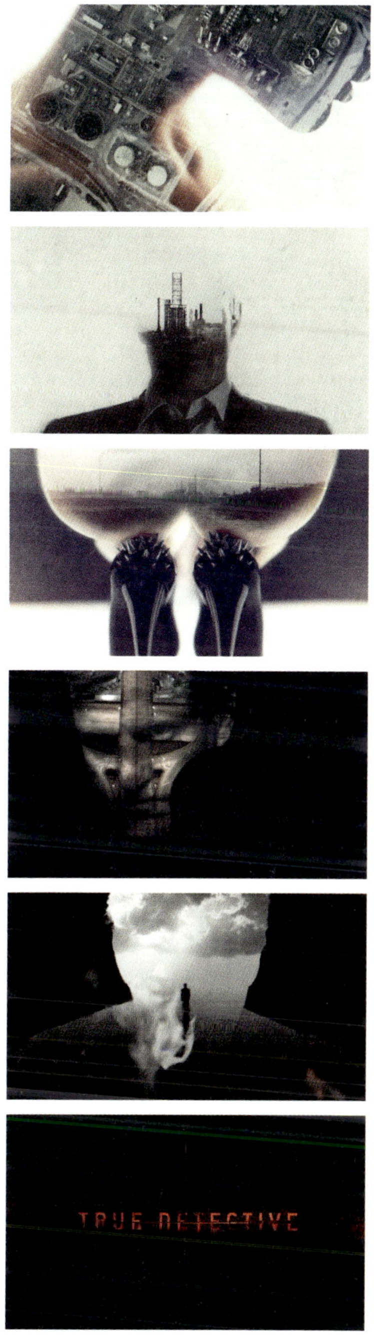

Remerciements

La réalisation de ce livre s'est avérée un voyage autour du monde et dans le temps. Mes premiers remerciements vont à tous ceux, très, très nombreux, qui ont apporté leur soutien au projet aux quatre coins du monde et qui ont si généreusement partagé leur savoir et leur matériel. Lorsque TASCHEN m'a contacté avec cette idée d'un livre sur l'histoire du graphisme dans le monde entier, la tâche semblait presque impossible. Mais le concept a été développé sous la direction de Julius Wiedemann et en étroite collaboration avec son équipe expérimentée, composée de Nora Dohrmann et de Daniel Siciliano Brêtas, et il est devenu réalité. Je les remercie tous les trois du fond du cœur pour leur passion et leur enthousiasme inépuisables pendant toute la production de ce livre. J'adresse également un grand merci aux traducteurs, secrétaires de rédaction et relecteurs qui ont travaillé sur le texte, et en particulier à l'équipe de production de TASCHEN. Je tiens aussi à remercier mes collègues de studio pour leur travail de longue haleine et leur soutien. Enfin, *last but not least*, je dois un remerciement très personnel à mon épouse Katharina Sussek pour son jugement inestimable et ses encouragements, et pour la joie et l'amour qu'elle continue d'apporter dans ma vie.

Jens Müller

L'auteur : Jens Müller est né en 1982 à Coblence, en Allemagne, et a étudié le graphisme. Lauréat de nombreux prix de design nationaux et internationaux, il est partenaire du studio de design Vista à Düsseldorf, et professeur de design d'entreprise à l'université des sciences et arts appliqués de Dortmund. Auteur et éditeur de plusieurs ouvrages, Müller mène des recherches sur l'histoire du graphisme et de l'image de marque.

Crédits iconographiques

Bass, Saul © propriété Saul Bass : p. 52 ; Bayer, Herbert *section allemande*, affiche, 1930 © VG Bild-Kunst, Bonn 2025 : p. 38 ; Birkhäuser, Peter © Birkhäuser-Oeri Foundation : p. 43 ;Bruehl, Anton © Condé Nast Collection/ Getty Images : p. 39 ; Cassandre, A. M. *Nord Express*, 1927 © VG Bild-Kunst, Bonn 2025 : p. 36 ; Goldfinger © 1964 Metro-Goldwyn-Mayer Studios Inc. et Danjaq, LLC. Tous droits réservés : p. 62 en haut à droite ; Harper's Bazaar © Hearst Communication, Inc. : p. 45 ; Havas : p. 46 ; Heartfield, John *Fünf Finger hat die Hand*, affiche, 1928 © The Heartfield Community of Heirs/VG Bild-Kunst, Bonn 2025 : p. 33 ; F. H. K.Henrion, F. H. K. © Marion Henrion-Wesel : p. 43 ; Him, George © propriété George Him : p. 47 en bas ; Hofmann, Armin © propriété Armin Hofmann : p. 50 en bas ; Leupin, Herbert © 2025 Collection Herbert Leupin : quatrième de couverture ; Lewitt, Jan © propriété Jan Le Witt : p. 47 en bas ; Lustig, Alvin © propriété Elaine Lustig Cohen : p. 44 en bas ; Mucha, Alfons © Mucha Trust 2025 : p. 15 en bas à droite ; Müller-Brockmann, Josef *das freundliche Handzeichen*, affiche, 1955 © VG Bild-Kunst, Bonn 2025 : p. 51 en haut ; Matter, Herbert : p. 39 à droite ; Rodchenko, Aleksandr Mikhajlovich *Books please!*, affiche, 1925 © VG Bild-Kunst, Bonn 2025 : p. 31 en bas ; Sebastião Rodrigues © Biblioteca Silva, Lisboa : p. 1 ; Steinweiss, Alex © propriété Alex Steinweiss : p. 44 en haut ; Tschichold, Jan © propriété Jan Tschichold : p. 30 ; Underground identity © TfL pour la collection du musée des Transports de Londres : p. 25 en bas ; photographie © Lance Wyman : p. 59 en bas.

COUVERTURE :
1968
Anonyme
États-Unis, couverture de magazine,
20 × 26,5 cm

QUATRIÈME DE COUVERTURE :
1956
Herbert Leupin
Suisse, affiche, 90 × 128 cm

Imprint

UN LIVRE TASCHEN, UN ARBRE PLANTÉ !
Chaque année, nous compensons nos émissions de CO_2 avec l'Instituto Terra, un programme de reforestation de l'État du Minas Gerais, au Brésil, fondé par Lélia et Sebastião Salgado. Pour plus d'informations sur ce partenariat environnemental, rendez-vous sur : www.taschen.com/institutoterra.
Inspiration : illimitée.
Empreinte carbone : (presque) nulle.

Envie d'en savoir plus ? Consultez taschen.com pour découvrir nos toutes dernières parutions, parcourir notre nouveau magazine et vous abonner à notre newsletter.

Hohenzollernring 53, D–50672 Köln
www.taschen.com

Printed in Slovakia
ISBN 978-3-7544-0082-1